SANTA MARIA DELL'ISOLA 6

Die Wallfahrtskirche von Tropea thront auf einem Felsen überm Meer mit tollen Sandstränden.

📷 *Tipp: Knips im Dämmerlicht: Dann sieht die Kirche fast aus wie ein Märchenschloss.*

➤ S. 93, Tropea & Costa Viola

MORANO CALABRO 7

Atemraubendes Panorama: Das malerische Städtchen zieht sich vor der Bergkulisse des Pollinogebirges wie ein Labyrinth am Hang empor (Foto).

📷 *Tipp: Bei Dunkelheit erinnert der beleuchtete Ort an eine Weihnachtskrippe – am besten 2 km vor dem Ort halten.*

➤ S. 52, Pollino & Golf von Tarent

BRONZEKRIEGER VON RIACE 8

Die beiden berühmten Bronzestatuen im Archäologischen Museum von Reggio verkörpern das griechische Schönheitsideal.

📷 *Tipp: Wie wär's mit einem Spaßfoto – ob ein Luftkuss die beiden erröten lässt?*

➤ S. 102, Reggio & Aspromonte

CAPO COLONNA 9

Eine einsame griechische Tempelsäule steht über dem Ionischen Meer bei Crotone.

➤ S. 83, Catanzaro & Crotone

LA CATTOLICA 10

Mit seinen markanten fünf Kuppeln erhebt sich dieses Juwel byzantinischer Baukunst über Stilo.

📷 *Tipp: Links ein Stück hochklettern und das Kirchlein mit tollem Hintergrundpanorama ablichten.*

➤ S. 108, Reggio & Aspromonte

INHALT

POLLINO & GOLF VON TARENT
RIVIERA DEI CEDRI
COSENZA & DIE SILA
CATANZARO & CROTONE
TROPEA & COSTA VIOLA
REGGIO & ASPROMONTE

Besuch planen
€–€€€ Preiskategorien
(*) Kostenpflichtige Telefonnummer
Essen/Trinken
Shoppen
Ausgehen
Top-Strände

(A2) Herausnehmbare Faltkarte

BESSER PLANEN MEHR ERLEBEN!

Digitale Extras
go.marcopolo.de/app/klb

MARCO POLO

DIGITALE EXTRAS

DIGITAL NOCH MEHR ERLEBEN

Schneller in Urlaubslaune kommen.

Perfekt organisiert sein – vor, während und nach dem Urlaub.

Mit der MARCO POLO Touren-App und unseren digitalen Angeboten.

Noch mehr Trendziele, Inspiration und aktuelle Infos findest du auf **marcopolo.de**

Werde Teil unserer Reise-Community und folge uns auf **Instagram** und **Facebook!**

DAS BESTE ZUERST

Die Natur als Bildhauer: Spiaggia dell'Arco Magno bei San Nicola Arcella

BEST OF ☂
BEI REGEN

SCHÖN, AUCH WENN ES REGNET

PILZE SCHLEMMEN
Regen ist gut für Pilze. Im *Ritrovo Santa Maria* in Serra San Bruno werden sie besonders frisch serviert: Die Wälder des Naturparks der Serre liegen hier quasi vor der Tür.
➤ S. 111, Reggio & Aspromonte

WASSER VON OBEN UND VON UNTEN
In den *Terme Luigiane* in Acquappesa lässt es sich auch bei Regen gut baden. Wer mag, betätigt sich im Gym oder genießt eine Auszeit im Spabereich.
➤ S. 47, Riviera dei Cedri

IM REGEN JOGGEN
Frei nach dem Motto „Es gibt kein schlechtes Wetter, nur schlechte Kleidung": Geh doch mal bei Regen auf dem *Lungomare Italo Falcomatà* in Reggio joggen – so viel Platz hast du hier sonst nie! Findest du den Ätna zwischen den Regenwolken?
➤ S. 102, Reggio & Aspromonte

MIT NORMAN DOUGLAS AUF GRAND TOUR
Vertief dich ins literarische Werk des Reiseschriftstellers Norman Douglas. Das Gästehaus und die Bibliothek des *Parco Old Calabria* bei Camigliatello Silano sind der beste Platz dafür.
➤ S. 70, Cosenza & die Sila

ABTAUCHEN IM MEER
Bei Regen nimmt das Meer auch unter Wasser wunderbare Farben an und fühlt sich viel wärmer an. Also: Maske auf, Flossen an und abgetaucht, z. B. vor dem Fischerstädtchen *Scilla* (Foto).
➤ S. 96, Tropea & Costa Viola

KALABRIENS WEINE
Ein Regentag? Gute Gelegenheit, einer der *cantine* von Cirò einen Besuch abzustatten (Foto) und die besten Weine Kalabriens an ihrer Quelle zu probieren, z. B. beim *Gut Dattilo* des Biowinzers Roberto Ceraudo.
➤ S. 30, Essen & Trinken

BEST OF LOW-BUDGET

FÜR DEN KLEINEN GELDBEUTEL

OPEN-AIR-KUNST IN COSENZA

Spar dir den Museumsbesuch: Das *Museo all'Aperto* ist Cosenzas jüngste Kunstattraktion – und sie ist gratis. Während du über den Corso Mazzini durch die neu gestaltete Fußgängerzone schlenderst, begleiten dich überlebensgroße Skulpturen von Giorgio De Chirico, Arnoldo Pomodoro, Salvador Dalí oder Sacha Sosno (Foto).

➤ S. 66, Cosenza & die Sila

PARLI ITALIANO?

Professor *Pasquale Negro* aus Tropea hat fast vier Jahrzehnte lang mit Begeisterung an staatlichen Schulen Sprachen unterrichtet. Nun ist er im Ruhestand, doch von Stillsitzen keine Spur: Bei ihm kannst du gratis Italienischkurse besuchen.

➤ S. 93, Tropea & Costa Viola

ENTSPANNUNG GESCHENKT

Einfach mal nichts tun, loslassen, Zeit für dich genießen und das warme Wasser um dich herum plätschern lassen: An der wildromantischen Schwefelquelle *Gurna di Caronte* in Lamezia Terme geht das rund um die Uhr und gratis.

➤ S. 80, Catanzaro & Crotone

ITALIENER? ALBANER? ARBËRESHE!

Etwa 41 000 *Arbëreshe,* Angehörige der albanischstämmigen Minderheit, leben in Kalabrien. In Civita ist ihnen ein eigenes kleines *Museum* gewidmet. Dort kannst du in diese fremde und spannende Kultur eintauchen.

➤ S. 55, Pollino & Golf von Tarent

DIE LETZTE GRIECHISCHE SÄULE

Am *Capo Colonna* hoch überm Ionischen Meer wartet nicht nur die letzte verbliebene Säule des Heratempels auf dich, sondern auch ein interessantes Museum mit weiteren Funden – beides kostenlos anzuschauen.

➤ S. 83, Catanzaro & Crotone

BEST OF MIT KINDERN

SPANNENDES FÜR GROSS & KLEIN

SCHWUNGVOLL VON BAUM ZU BAUM

Im Abenteuerpark *Alberolandia* in der Sila Piccola können Kinder Tarzan nacheifern, wie Robin Hood mit Pfeil und Bogen schießen oder wie Super Mario mit Gokarts durch die Gegend flitzen.

➤ S. 80, Catanzaro & Crotone

NATUR PUR IM MUSEUM

Im *Centro Studi Naturalistici del Pollino Il Nibbio* in Morano gehen Groß und Klein trotz Regen im Trockenen auf eine spannende Entdeckungsreise durch den Nationalpark.

➤ S. 53, Pollino & Golf von Tarent

ZAPPELND AM HAKEN

Mit *Daniele* in Pizzo raus aufs Meer: Leuchtende Kinderaugen sind garantiert, wenn Delphine mit dem Boot um die Wette schwimmen oder der erste Fisch an der Angel zieht.

➤ S. 90, Tropea & Costa Viola

IM VIOLETTEN MEER SPAZIEREN

Beim Bummel durch den *Parco della Lavanda* bei Morano freut sich die Nase und im Labor wird die Neugier geweckt (und befriedigt), wenn gezeigt wird, wie die lila Blüten verarbeitet werden.

➤ S. 53, Pollino & Golf von Tarent

SPIEL & SPASS BIS ZUM UMFALLEN

Verirren im Heckenlabyrinth, Fellnasen und Vögel bestaunen, die Rutschen hoch und runter toben: Im *Parco della Biodiversità Mediterranea* von Catanzaro fühlt sich jedes Kind wohl.

➤ S. 79, Catanzaro & Crotone

UNTER WASSER IM TROCKENEN

Bei einer *Fahrt mit dem Glasbodenboot* lässt sich nicht nur die imposante Wasserburg in Le Castella bestaunen, sondern auch der ein oder andere Meeresbewohner, der unter dem Boot durchtaucht.

➤ S. 84, Catanzaro & Crotone

BEST OF

TYPISCH

DAS ERLEBST DU NUR HIER

HÖLLISCH SCHARFE WURST
Der Monte Poro ist Heimat der *'nduja,* einer teuflisch leckeren *peperoncino*-Streichwurst (Foto). Im urigen Lebensmittellädchen *La Casetta del Piccantino* in Tropea hängt der Himmel voll davon.
➤ S. 93, Tropea & Costa Viola

LAKRITZ NASCHEN
Probier mal das „schwarze Gold Kalabriens": Seit 1781 veredelt *Amarelli* aus Rossano den Extrakt der süßen Wurzeln von *Glycyrrhiza Glabra,* einer Mittelmeerstaude aus der Familie der Schmetterlingsblütler, zu Lakritz.
➤ S. 60, Pollino & Golf von Tarent

SCHLUPFLÖCHER ZUM STRAND
Die Eisenbahnschienen wurden Ende des 19. Jhs. parallel zur Küste oft nah am Meer verlegt, Übergänge waren kaum vorgesehen. An vielen Stellen kannst du aber *niedrige Unterführungen* als Schlupflöcher zu meist einsamen Stränden nutzen, z. B. gegenüber der *Zona Archeologica* in Locri.
➤ S. 108, Reggio & Aspromonte

WACH WERDEN MIT DER KAFFEELIMO BRASILENA
Lange vor dem Siegeszug von Bionade & Co. kannte Kalabrien das koffeinhaltige Sprudelgetränk namens *Brasilena,* wie du es z. B. in der *Antica Rosticceria Polpetteria Sasà* in Cosenza bestellen kannst.
➤ S. 68, Cosenza & die Sila

ZEDRATZITRONEN PROBIEREN
Kalabrien, das Land, in dem seltene Zitronen blühen: Lass dich von den kulinarischen Köstlichkeiten aus Zedratzitronen (ital. *cedro*) überraschen, z. B. von naturgefärbten, giftgrünen *gelati* (Foto). Das Hauptanbaugebiet liegt bei Santa Maria del Cedro, wo du auch das *Museo del Cedro* mit Verkaufsausstellung besuchen kannst.
➤ S. 45, Riviera dei Cedri

SO TICKT KALABRIEN

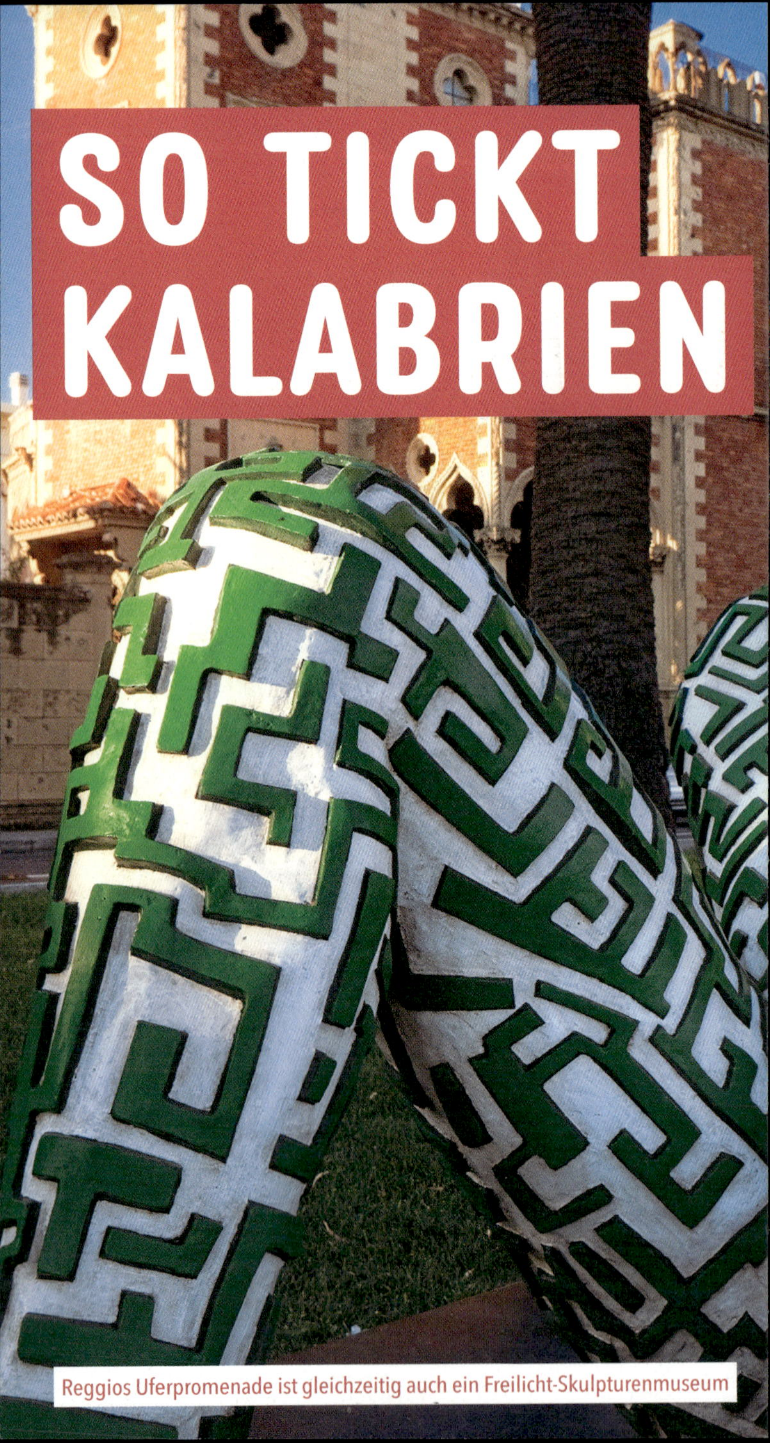

Reggios Uferpromenade ist gleichzeitig auch ein Freilicht-Skulpturenmuseum

ENTDECKE KALABRIEN

Ein Traum in Türkis: Blitzsauber ist das Meer an den Strände bei Capo Vaticano

Kleine Buchten, steile Felsen, lange Sandstrände und glasklares Meer neben teils rauen, teils dicht bewaldeten Gebirgen: Dieser Kontrast zwischen *mare* und *monti,* dazu die vielerorts höchst präsente Geschichte im Mix mit lebendigen Traditionen und nicht zuletzt eine deftige Landküche versprechen eine erlebnisreiche Reise in die italienische Stiefelspitze.

BERGE UND MEER

Die meisten denken bei Kalabrien erst mal an strahlend blauen Himmel, Sonnenschein und türkisblau glitzerndes Meer. Natürlich lädt die 780 km lange Küste zu entspannten Strandtagen ein, ob in einer der versteckten Buchten zwischen imposanten Felsformationen am Tyrrhenischen Meer oder an den ausgedehnten Küstenstreifen auf der ionischen Seite. Besonders charmant ist die

8. Jh. v. Chr. Beginn der griechischen Kolonisation

1. Jh. v. Chr. Kalabrien und die Basilikata bilden die römische Region Lucania et Brutii

410 Nach der Plünderung Roms stirbt Alarich, König der Westgoten, in Cosenza

533 Kalabrien wird byzantinisch

11. Jh. Normannen erobern Kalabrien

ab 1442 Herrschaft des spanischen Königshauses Aragón über Süditalien

reich gegliederte tyrrhenische Steilküste bei Tropea mit den spektakulären Buchten am Capo Vaticano. Nachts herrscht hier fast Caprifischeridylle, wenn die Laternen der Fischerboote vor der Küste blinken. Schwertfischkutter mit 20 m hohen Ausguckmasten kreuzen vor dem romantischen Hafenstädtchen Scilla an der Costa Viola. Für ideale Wassersportbedingungen bis in den Spätherbst sind die Badeorte der flacheren ionischen Küste bekannt. Und die roten Sandsteinküsten der Riserva Marina am Capo Rizzuto bei Crotone sind ein Paradies für Schnorchler. Dazwischen erheben sich jedoch auch die letzten Ausläufer des Apennin; im Norden begrenzt das Pollinogebirge mit seinem höchsten Berg, dem Serra Dolcedorme (2267 m), die Region auf natürliche Weise. Im Süden trennt die Straße von Messina Kalabrien von Sizilien.

SPORTLICH VON OBEN BIS UNTEN

Essen und Kochen hat – wie überall in Italien – einen hohen Stellenwert. Kalabriens Küche ist deftig und naturnah: Am besten kommt alles frisch auf den Tisch bzw. in den Topf, egal ob aus dem Meer, Wald oder Garten. Viele Gerichte werden durch die Zugabe des *peperoncino,* der scharfen Chilischote, aufgepeppt; ihr kräftiges Rot leuchtet dir von so mancher Häuserwand entgegen. Besteht einmal die Möglichkeit, bei einer kalabrischen Familie zu essen, wunder dich nicht über die Menge, denn Kalabrier sind stolz und zeigen gern, was sie haben und was sie können, vor allem in Bezug auf Essen. Zur Verbrennung der Kalorien bie-

1734–1861 Herrschaft der Bourbonen

1860–70 Giuseppe Garibaldi vertreibt die Bourbonen. Briganten- und Bauernaufstände

1922–43 Diktatur von Benito Mussolini

ab 1950 Halbherzige Industrialisierungs- und Infrastrukturmaßnahmen

2014 Papst Franziskus exkommuniziert bei seinem ersten Kalabrienbesuch Mitglieder der Mafia

2022 Die Debatten um eine Landverbindung nach Sizilien gehen in eine neue Runde ten sich im Anschluss viele Möglichkeiten. Aktivurlauber finden in Kalabrien ein Paradies: An der langen Küstenlinie hast du die Qual der Wahl zwischen Segeln, (Kite-)Surfen, Schnorcheln, Tauchen und mehr. Das Landesinnere besteht zu neun Zehnteln aus Hügeln und Gebirge: dichte Wälder, Weiden, in der Sila auch große Stauseen und im kargen Süden spektakuläre Aussichten zum Ätna. Die drei Nationalparks Pollino, Sila und Aspromonte lassen sich wunderbar zu Fuß, Pferd oder mit dem Mountainbike erkunden. Einige Wanderwege sind mittlerweile gut markiert, manche sogar für Mehrtagestouren ausgelegt wie der „Kalabria Coast to Coast", bei dem man von der ionischen Küste zur tyrrhenischen wandert. Die Gebirge sind zudem von vielen Bach- und Flussläufen durchzogen, die zum Watertrekking oder auch zu wilden Raftingtouren einladen.

DORF UND GROSSSTADT, TRADITION UND MODERNE

Serpentinenstraßen voller Schlaglöcher winden sich entlang riesiger Fiumare – so heißen die sommertrockenen, in ihrem Unterlauf oft kilometerbreiten Schotterflussbetten – zu halb verlassenen Bergdörfern, in denen teils eine gespenstische Stille herrscht und die kurz darauf wieder entzückend sind, wenn du durch die engen Gassen spazierst und auf die meist älteren Bewohner triffst, die vor ihren Häusern sitzen und Neuigkeiten austauschen (Frauen) bzw. Karten spielen (Männer). Die Jüngeren zieht es meist in die Städte oder gleich ganz weg aus Kalabrien. Es ist die ärmste Region Italiens, sodass diese Entscheidung absolut nachvollziehbar ist. Auf junge Familien trifft man daher eher in den Küstenorten bzw. in den drei Großstädten Cosenza, Reggio und Catanzaro. Alle drei sind ebenso chaotisch, vor allem im Hinblick auf den Straßenverkehr, wie jede auf ihre Art liebenswert: Reggio erwartet dich mit den Bronzi di Riace, den zwei schönsten Männern Italiens, Catanzaro ist seit 1970 Hauptstadt der Region und Cosenza überzeugt mit seiner tollen Altstadt und der alles überragenden Burg.

EINFLÜSSE VON ÜBERALL

Die ersten Beweise für eine Besiedlung schon um 9000 v. Chr. liefert die steinzeitliche Felszeichnung eines Auerochsen in der Grotta del Romito. Später waren einige Gebiete Kalabriens Teil der Magna Graecia, anschließend wurde die Region eine römische Provinz. Im Lauf der Jahrhunderte setzten jedoch auch Sarazenen, Byzantiner, Normannen, Anjou, Aragonesen und Bourbonen ihren Fuß auf die Stiefelspitze. Im 15. Jh. siedelten sich vor allem im Pollino aus ihrer Heimat geflüchtete Albaner an, die ihre Bräuche und Sprache bis heute erhalten haben. All diese Kulturen haben ihren Einfluss hinterlassen, du merkst es an den Menschen, an ihren Traditionen und natürlich an den vielen Fundstücken und Bauwerken, die man heute bewundern kann: die Ausgrabungen in Sibari, der Purpurkodex von Rossano, normannisch-staufische Burgen und Kirchen. Eine Reise durch Kalabrien ist also überaus spannend und abwechslungsreich, wenn du dich auf die Region einlässt – denn die Stiefelspitze will erlebt und entdeckt werden.

AUF EINEN BLICK

1.917.000
Einwohner

Mecklenburg-Vorpommern: 1.608.000

780 km
Küstenlänge

Küstenlänge Schleswig-Holstein (ohne Inseln): 530 km

15.222 km²
Fläche

Schleswig-Holstein: 15.804 km²

HÖCHSTER BERG: SERRA DOLCEDORME

2.267 m

im Pollinogebirge an der Grenze zur Basilikata

25 CM LANG
4 KG SCHWER

kann eine Zitronatzitrone werden

HÖCHSTE BRÜCKE ITALIENS: VIADOTTO ITALIA

259 m

an der A2 bei Laino Borgo

BERÜHMTE KALABRIER

Gianni & Donatella Versace (Modedesigner), Franz von Paola (Heiliger), Mattia Preti (Maler), Gennaro Gattuso (Fußballer)

3.000

Pilzarten sind bis heute in der Sila bekannt

DISTANZ ZUR KÜSTE
Kein Ort ist mehr als 50 km Luftlinie entfernt

ARBEITSLOSENQUOTE

21 % (die höchste Italiens)

KALABRIEN VERSTEHEN

ALTA MODA – ANTI-MAFIA

Cangiari heißt im kalabrischen Dialekt „verändern". Der Name ist Programm: Das kalabrische Modelabel beweist unter Schirmherrschaft von Santo Versace, Bruder des 1997 ermordeten Gianni, dass „Moda Made in Italy" auch ethisch anziehend sein kann. Cangiari ist eine Erfolgsstory des Sozialkonsortiums GOEL *(goel.coop)*. Mit der Schaffung legaler Arbeitsplätze versucht GOEL, sozial benachteiligten Menschen, Kalabresen wie Emigranten, eine sichere Zukunftsperspektive zu bieten – eine Alternative zu Emigration oder Mafia. Cangiari lässt seine Kollektionen aus hochwertigen ökologischen Materialien mit Mitteln traditioneller Handwerkskunst fertigen und beschäftigt ausschließlich lokale Kooperativen in Kalabrien und Sizilien. *cangiari.it*

VIAGRA CALABRESE

Manche mögens heiß? In Kalabrien mag man es vor allem scharf: Der *peperoncino,* die kleine rote Chilischote (botanisch sind es eigentlich Beeren!), findet in vielen Gerichten seinen Einsatz. Du solltest also auf der Hut sein, wenn du etwas Scharfes bestellst, das kann ordentlich feuern im Rachen! Keine Angst musst du dagegen bei den *peperoni* haben, denn das sind ganz normale Gemüsepaprikas. In Diamante gibt es sogar eine Accademia del Peperoncino *(peperoncino.org),* wo die ganze Bandbreite der Einsatzmöglichkeiten dieser scharfen Schote studiert wird. Kleiner Hinweis: Eine dieser Einsatzmöglichkeiten ist als Aphrodisiakum, denn der *peperoncino* hat nicht umsonst auch den Beinamen *viagra calabrese.*

GRÜNES GOLD

Gold ist grün für die Kalabresen und wächst an einem Baum: Gemeint ist die Bergamotte. Die kennst du nicht? Diese saure, leicht bittere Zitrusfrucht selbst vielleicht nicht, aber Parfum hast du sicher schon mal verwendet. Die Essenz, die aus der Schale der noch unreifen Frucht gewonnen wird, ist in fast allen Duftwässern eine Grundsubstanz, da schwache Düfte durch sie gehoben und starke harmonisiert werden. Ein Beispiel ist 4711 – Kölnischwasser! Die kostbare Zitrusfrucht gedeiht ausschließlich an einem schmalen Küstenstreifen im äußersten Süden der Apenninhalbinsel in der Provinz Reggio di Calabria. Zu schmecken ist die Bergamotte im Earl-Grey-Tee, als Marmelade, in Keksen … Du wirst diese Frucht probieren müssen – du kommst gar nicht daran vorbei! Übrigens ist sie auch ein super Mitbringsel: Die Bergamotte schimmelt nämlich nicht, sondern vertrocknet nur und duftet einfach weiter!

INSIDER-TIPP **Dufte Lufterfrischer**

AUF DER FLUCHT

Sonne, Berge und Meer, eine Pflanzen- und Tierwelt, die sich sehen lassen kann – und trotzdem hat sich im

19. Jh. und in der Nachkriegszeit nach 1945 mehr als die Hälfte der Kalabrier ins Ausland geflüchtet und auf alle Kontinente verteilt – in die USA, nach Argentinien, Australien, England, Deutschland oder in die Schweiz. Und der Flüchtlingsstrom hält an, nur zieht es heute viele eher nach Rom oder Mailand. Warum? Der Grund ist einfach: Von einem schönen Umfeld allein kann man nicht leben. Armut, Arbeitslosigkeit, kriminelle Schikanen, aber auch die triste Provinzialität bringen viele Einheimische dazu, ihre Heimat zu verlassen. Zum Glück sind immer mehr junge Leute mutig und krempeln die Ärmel hoch, um etwas Eigenes auf die Beine zu stellen, vor allem in touristischen Projekten. Die Hoffnung, bald nicht mehr die ärmste Region Italiens zu sein, stirbt zuletzt.

ROBIN HOOD IN KALABRIEN

Nein, der englische Held hat sich nie in die italienische Stiefelspitze verirrt, vielmehr hat die Region ihre eigenen Robin Hoods hervorgebracht: Die Briganten des 19. Jhs. wurden und werden noch immer als romantische Volkshelden verehrt (und verklärt). Unter ihnen befanden sich ganz sicher auch echte Verbrecher, aber auch Freiheitsliebende und Abenteurer, vor allem jedoch arme und verzweifelte Menschen. Blütezeit und zugleich beginnender Niedergang des Brigantentums war die Epoche der italienischen Reichseinigung nach 1860. Erbittert kämpften Zehntausende für die Freiheit des Südens und gegen die Arroganz der neuen Herrscher aus dem Piemont, die mit brutalen militärischen Strafaktionen auch gegen die

Pimpt Parfums, peppt Marmelade auf und macht Tee zum Earl Grey: Superfruit Bergamotte

Die Mönche im Kloster bei Bivongi praktizieren ihren Glauben nach byzantinischem Ritus

Zivilbevölkerung vorgingen. *brigantaggio.net*

FASZINATION AUF ALBANISCH

Verbring drei Tage bei einem *Arbëreshë* und erleb wahre Lebenslust und Heimatstolz! *Arbëreshë?* So nennen sich die Italoalbaner, die im 15. Jh. vor der türkischen Invasion geflohen sind, sich prima integriert und dennoch ihre eigenen Traditionen bewahrt haben – seit über 500 Jahren! Ca. 41 000 Kalabresen, pardon: *Arbëreshë,* bilden diese faszinierende Volksgruppe; sie sprechen ihren eigenen albanischen Dialekt (der sich vom modernen Albanisch stark unterscheidet), kochen phänomenal und bei der *vallje* am Dienstag nach Ostern wirst du nicht umhinkommen, einfach mitzufeiern, Spaß zu haben und in die Farbenpracht der Kostüme einzutauchen. Wappentier ist der byzantinische Adler und in den ikonengeschmückten Kirchen, die formal dem Papst unterstehen, ist der Geist der Ostkirche lebendig geblieben. Zweisprachige Ortsschilder im Pollino und der Sila Greca weisen dir den Weg. *arbitalia.net*

INSIDER-TIPP
Heiter getanzte Lebenslust

VERFOLGT VON BYZANZ

Die Cattolica in Stilo, zahlreiche Kirchen in und um Rossano, die Kathedrale in Gerace: Vor allem entlang der ionischen Küste wird man zwangsläufig mit der Nase darauf gestupst, überall finden sich Spuren der Byzantiner. Kein Wunder eigentlich, immerhin prägten diese ein halbes Jahrtausend lang Sprache und Kultur Kalabriens. Ab 535 setzte die sogenannte zweite Hellenisierung ein: Basilianermönche, die aus Byzanz (dem heutigen Istanbul) kamen und als Eremiten oder in

Kleingruppen den Regeln des hl. Basilius folgten, lebten in Grotten des Pollino und der Sila oder wirkten in den Kirchen. Trotz einiger kriegerischer Auseinandersetzungen mit den Langobarden und den Sarazenen ließen sich die Byzantiner zunächst nicht einschüchtern und gaben sich erst den Normannen im 11. Jh. geschlagen. Doch in vielen Kirchen wurde der Gottesdienst bis ins 15. Jh. weiterhin nach orthodoxem Ritus gefeiert.

DAS FRÜHSTÜCKSEIS

Sommerzeit – Eiszeit. *Gelato* kennt jedes Kind, aber auch *granita?* Der Sommer in Kalabrien beginnt mit der ersten *granita* und oft beginnt auch ein Sommertag mit einem *granita*-Frühstück. *Granita,* das ist ein Halbgefrorenes, ein geeister Fruchtsaft in der Art des arabischen *scherbets.* Die Klassiker sind *granita di limone* oder *granita di caffè;* großen Eiskünstlern gelingt es sogar, den flüchtigen Duft von Jasminblüten einzufangen. Typisch kalabrisch sind auch *granite* mit dem Aroma von Zedratzitronen oder *peperoncini.* Zum Frühstück übrigens wird die *granita* mit einem süßen Hefebrötchen, einer *brioche,* serviert.

'NDRANGHETA

Ein geschätzter Jahresumsatz von 53 Mrd. Euro – wow! Ein florierendes Unternehmen, oder? Wer Lust hat, mit Rauschgifthandel, Prostitution, Erpressung und Korruption sein Geld zu verdienen, kann ja mal nach einer Stellenausschreibung suchen. Aber Achtung, eine Kündigung könnte für böse Überraschungen sorgen. Die kalabri-

KLISCHEE KISTE

ALLES IN EINEN, EINER FÜR ALLES

Papier und Plastik, Gläser und Gerümpel, Essensreste und Elektroschrott: ein großer, schwarzer Sack, gut verschnürt und weg damit – ohne großes Kopfzerbrechen entledigten sich so noch bis vor wenigen Jahren die Kalabrier ihres Mülls. Mittlerweile fangen aber auch die ärgsten Dickköpfe an, ihren Abfall in bunte Tüten zu sortieren – der Druck der Gemeinden und Strafandrohungen zeigen ihre Wirkung. Bis sich jedoch ein echtes Umweltbewusstsein in den Köpfen etabliert, wird es noch dauern – und die nun farbenfrohen Säcke werden weiterhin hier und da die Landschaft „schmücken".

WER SPÄTER BREMST ...

... ist länger schnell. Nein, so verrückt wird in Kalabrien nun auch nicht Auto gefahren. Dennoch kann es nicht schaden, sich alles und nichts von den anderen Verkehrsteilnehmern zu erwarten: Nicht ungewöhnlich ist das Parken in zweiter oder sogar dritter Reihe, das Abbiegen, ohne zu blinken, individuell ausgelegte Vorfahrtsregeln und natürlich der Einsatz der Hupe – ob als Warnung, lieb gemeinter Gruß oder aus mangelndem Verständnis für den kleinen Plausch von Auto zu Auto mitten auf der Kreuzung.

sche *'ndrangheta* ist trotz aller Anti-Mafia-Bemühungen unvermindert aktiv. Geschätzte 5000 Mitglieder, die sich in 150 sich teils untereinander bekriegenden Banden organisieren, erwirtschaften diese horrende Summe. Bei allem Negativen gibt es jedoch auch eine gute Nachricht: Touristen haben nichts zu befürchten. Die berühmt-berüchtigte Schwester der sizilianischen Mafia und neapolitanischen Camorra hat anderes zu tun, als diese zu behelligen, munkelt man doch, dass sie selbst in große Hotelanlagen investiert und deswegen am Gedeihen dieses einträglichen Gewerbes interessiert ist. *osservatoriosulla ndrangheta.org*

KOMMT SIE HEUT' NICHT ...

... kommt sie morgen: Die Idee, Sizilien mit dem italienischen Festland zu verbinden, ist uralt. In der Antike träumten die Römer von einer Pontonbrücke. Bei jedem seiner Regierungsantritte erklärte Silvio Berlusconi den Bau der Brücke zur Chefsache. Ein symbolischer Spatenstich erfolgte im Dezember 2009. Das Bauvorhaben bräche alle Rekorde: Mit einer Spannweite von 3370 m überträfe die Hängebrücke jede andere auf der Welt um mehr als einen Kilometer. Die Doppeltürme, an denen die Stahlseile hingen – mit einem Durchmesser von 1,24 m die dicksten der Welt –, wären mit einer Höhe von je 370 m nur wenig niedriger als das Empire State Building in New York. Bis zu 140 000 Fahrzeuge und 200 Züge pro Tag könnten auf der Brücke verkehren. Befürworter und Kritiker streiten sich über den Sinn oder Unsinn der Brücke, aufgrund der Finanzkrise kam 2013 das vorläufige Aus für die Brücke. Einige meinen, es sei nun endgültig, doch von italienischen Politikern wird das Thema immer wieder gerne aufgegriffen. So auch 2021 wieder, wobei nun auch über den Bau eines Tunnels debattiert wird. Es bleibt also spannend.

$A^2 + B^2 = C^2$

Na, sagt dir das was? Genau, das ist der Satz von Pythagoras, mit dem (und der Erinnerung an frühere Mathestunden) wir dir jetzt hoffentlich nicht den Urlaub vermiest haben. Doch dieser Name kann hier auf keinen Fall unerwähnt bleiben, denn Pythagoras aus dem griechischen Samos verlegte um 532 v. Chr. seine berühmte Philosophenschule nach Kalabrien, genauer gesagt nach Kroton (Crotone). Nach seiner Lehre konnte alles – z. B. auch die Harmonie der Musik – mit der Mathematik erklärt werden. Er glaubte auch an die Seelenwanderung, war demzufolge Vegetarier, doch auch Bohnen waren streng verboten. Warum, weiß man nicht so genau, da keine Schriften von ihm selbst überliefert sind. Fest steht, dass seine Jünger, die Krotoniaten, um 510 v. Chr. genug von seinem puritanischen Regiment hatten und er nach Metapont in der heutigen Basilikata flüchtete, wo er um 496 v. Chr. starb.

WÖLFE

Wer hat Angst vorm bösen Wolf? Keiner! Muss man ja auch nicht, davon versucht einen zumindest das Besucherzentrum am Lago di Cecita in der

So nah auf den Pelz rückst du den Wölfen nur im Besucherzentrum der Sila

Sila zu überzeugen. Natürlich ist der Wolf ein Raubtier, aber so wie Wildschwein oder Hirsch auf seinem Speiseplan stehen, stehen sie auch auf unserem, oder? In der Sila gibt es wieder einige Exemplare, in der Nacht hört man sie heulen, doch zu sehen bekommt man sie selten bzw. gar nicht. Einige Bauern lassen sich jedes Jahr für ihr angeblich von Wölfen gerissenes Vieh entschädigen, dabei sind meist streunende Hunde die Schuldigen.

IN DER WEIHNACHTSBÄCKEREI ...

Ohne Kalabrien wäre der deutsche Weihnachtsstollen nicht der gleiche – denn die kandierten Schalen der *cedri*, der Zedrat- oder Zitronatzitronen, einer unverzichtbaren Zutat in der deutschen Weihnachtsbäckerei, werden in Kalabrien angebaut. Sie sind so wichtig, dass sogar die gesamte nordwestliche Küste nach ihnen benannt ist, die Costa dei Cedri – denn dort werden sie gehegt, gepflegt und gepflückt. Im Sommer triffst du vielleicht auch auf den einen oder anderen *cedri* pflückenden Rabbiner in Santa Maria del Cedro, denn die Religion schreibt für das jüdische Erntedankfest, das Laubhüttenfest, außer Palmwedeln auch diese kostbaren Früchte vor.

GIANNI VERSACE

Leuchtende Farben, ungewöhnliche Kombinationen, singende Models und Stars wie Madonna oder Bon Jovi in seinen lasziven Leder- und Nietenkreationen: Wer weiß, wie oft die Modewelt noch Riesenaugen gemacht hätte? 1946 in Reggio di Calabria geboren und 1997 in Florida erschossen, wurde Gianni Versace nur 50 Jahre alt. Das Mordmotiv? Unbekannt. Unvergessen wird er bleiben, seine Schwester Donatella ist nun Vizepräsidentin der Versace Group und Leiterin der Kreativabteilung.

ESSEN SHOPPEN SPORT

Peperoncino allüberall, von der *soppressata*-Salami bis zum *Caciocavallo*-Käse

ESSEN & TRINKEN

Peperoncini und Zwiebelmarmelade, Thunfischeier und Zitroneneis: Kalabriens Küche steckt voll starker Aromen. Für die Italiener heißt *alla calabrese* schlichtweg scharf. Der peperoncino ist ein Hauptdarsteller in der kalabrischen Küche. Zum Trocknen aufgehängt, schmücken feuerrote Bündel die Fassaden. Olivenöl wird mit dem Chili aromatisiert, er würzt Salami und Pasta und verleiht der Wurst *'nduja* ihr explosives Aroma.

BUNTER MIX

Kalabrien ist ein Gebirgsland mitten im Meer. Das prägt die Vielfalt der Gerichte. Den Grundton geben die naturbelassenen Produkte einer jahrtausendealten Hirten-, Bauern- und Fischerkultur an. Albanische, byzantinische, spanische, ja orientalische Rezepte treffen sich zu einem spannenden, mediterranen Mix. In der waldreichsten Region Süditaliens bereichern auch *funghi* (Pilze) und *cinghiali* (Wildschweine) den Speisezettel. Pasta gehört fast jeden Tag auf den Teller, in verschiedenen Kombinationen, klassisch mit *sugo,* der Tomatensauce, oder mit Gemüse oder Hülsenfrüchten. Als *secondo* dann Fleisch oder Fisch – wichtig bleibt die Qualität und woher die Zutaten kommen, am liebsten a km zero, also aus der unmittelbaren Umgebung.

ESSEN WIE BEI MAMMA

Bodenständige Trattorien im Landesinneren haben meist keine Karte – stattdessen vertrauen alle den Empfehlungen der *mamma.* Den Auftakt bilden lokale Käsesorten und luftgetrocknete Salami, dazu selbst *sott'olio* (in Olivenöl) eingelegte Gemüse und Pilze sowie marinierte Oliven und Holzofenbrot. Seit der Antike liebt man Hülsenfrüchte wie Saubohnen oder Kichererbsen, die nicht nur zu Suppen und Pürees verarbeitet, son-

Natürlich gehört auch in den Tomatensugo zur Pasta eine ordentliche Prise *peperoncino* (li.)

dern auch zu hausgemachten Nudeln gegessen werden. Pastasaucen werden gern aus Lammfleisch mit Tomaten geköchelt. Eigentlich macht so ein *primo piatto,* ein erster (Nudel-)Gang, ja schon satt, wären da nicht die verführerischen *secondi,* die Hauptgerichte, die fast immer ohne *contorni* (Beilagen) serviert werden, wenn du sie nicht separat dazubestellst. Besonders gut schmecken Lamm und Zicklein, Sie werden als Festtagsbraten im Backofen gegart oder stundenlang im Tontopf geschmort. Kein Wunder, dass nach solch üppigen Schlemmereien meist nur frisches Obst gereicht wird.

VIELFALT AUS DEM MEER

Szenenwechsel ans Meer: Das feine Terrassenristorante stimmt seine Gäste mit einem verschwenderischen *antipasto di mare* ein: Salat von Tintenfischen mit Stangensellerie, geräucherter Thunfischbauch, frittierte Garnelen, *bruschetta* (Röstbrot), die mit dem „Kaviar des Südens" bestrichen ist, einer Paste aus Babysardellen. Anschließend, wie könnte es anders sein, *la pasta:* Was hältst du beispielsweise von Spaghetti mit Schwertfisch und Minze oder mit Thunfischrogen und *mollica* (Bröseln)? Zum Hauptgang präsentiert der Padrone frische Fische zur Auswahl – der Tagesfang bestimmt das Angebot. Warum nicht selbst mit Hand anlegen und die Fischer beim Fang begleiten? *Pescaturismo* heißt dieses zeitgemäße Urlaubsvergnügen. Ein seltener Genuss sind Langusten oder Thunfisch, der scharf gegrillt und mit Olivenöl, Zitronensaft und Kräutern abgeschmeckt wird. Für eine schlichte *frittura di paranza* werden verschiedene Kleinfische in Öl ausgebacken.

EIN GUTER SCHLUCK ...

Fast überall werden anständige, kräftige Bauernweine ausgeschenkt. Oft spielt der traditionell gekelterte Weiße ins Bernsteinfarbene. Leichtere Weißweine liefert das nahe Sizilien. Jahrzehntelang waren die körperreichen Roten von Cirò, dem größten der kalabrischen DOC-Anbaugebiete, als einzige über die Region hinaus präsent. Kellereien wie Librandi und die Fattoria San Francesco liefern auch bouquetreiche Rosés. Aufmerksamkeit verdienen außerdem die Cantine Lento und Statti aus Lamezia Terme und Odoardi aus Nocera Terinese. Als uralter und neuer Trend ist der biologische Weinbau auf dem Vormarsch. Ein Vorreiter ist Roberto Ceraudo mit seinem *Gut Dattilo (dattilo.it)* bei Marina di Strongoli, dessen Weine in der ersten Liga der Vini d'Italia mitspielen. Bioweine keltern auch die Brüder Greco aus Cariati in der Provinz Cosenza *(igreco.eu)*. Als Ölproduzenten eilt ihnen schon lange ein ausgezeichneter Ruf voraus. Die generelle Tendenz heißt Klasse statt Masse. Während Rebflächen ausgeweitet werden, gingen zuletzt die Hektarerträge deutlich nach unten, ein untrügliches Zeichen für angestrebte Qualität.

WASSER GUT, ALLES GUT

Einfache Trattorien im Landesinneren stellen ungefragt einen Krug frisches Quellwasser auf den Tisch. Das Mineralwasser Mangiatorella kommt aus dem Naturpark der Serre bei Serra San Bruno. Gutes Wasser ist entscheidend für einen guten *caffè*, den Espresso, den die Einheimischen auch nach einem Essen im Restaurant am liebsten im Stehen an der Bar trinken. *A proposito* Kaffee: Unbedingt probieren solltest du auch eine *Brasilena*. Das koffeinhaltige Erfrischungsgetränk gibt es vor allem in den Bars der Provinz Catanzaro.

INSIDER-TIPP
Kalabriens Antwort auf Cola & Co.

SÜSS, SÜSSER, *GELATO*

Ups, *gelato* wurde noch gar nicht erwähnt – und das in Italien! Eine Eisspezialität, die man im Sommer auch zum Frühstück löffelt, ist *granita*. Dieses erfrischende Sorbet aus zerstoßenen Eiskristallen gibt es in so ausgefallenen Geschmacksrichtungen wie Maulbeere, Bergamotte oder Mandeln. Letztere bilden auch die Grundlage vieler traditioneller Gebäcksorten.

IL CONTO, PER FAVORE!

Ein abschließendes Wort zu Preisen und Tischsitten: Frischer Fisch ist teurer als Fleisch und steht kaum unter 50 Euro pro Kilo auf der Karte, während du in einer Familientrattoria im Landesinneren bereits für unter 15 Euro aufs Beste satt wirst. Denk daran, dass auf der Rechnung auch das *coperto* (meist um 2 Euro) auftaucht: eine Pauschale für Gedeck und Brot. Nach dem Bezahlen erhältst du das Wechselgeld auf einem Teller zurück. Lass, wenn du zufrieden warst, fünf bis zehn Prozent als *mancia* (Trinkgeld) für den *cameriere* (Kellner) liegen! Das *pranzo* (Mittagessen) wird kaum vor 13, die *cena* (Abendessen) nie vor 20 Uhr serviert. Da das späte Abendessen meist sehr üppig ausfällt, sind Kalabresen beim Frühstück mit einer Tasse *caffè* oder Cappuccino und allenfalls einem *cornetto*, einem Croissant, zufrieden.

Unsere Empfehlung heute

Antipasti

ANTIPASTO CALABRESE
Platte mit u. a. *caciocavallo* (luftgereifter Kuhmilchkäse), *'nduja* (Streichwurst mit *peperoncino*), *soppressata* (gepresster Salami), *fior di latte* (Kuhmilchmozzarella), *polpette di melanzane* (Auberginenbällchen), *cipolle di Tropea* (in Öl eingelegten roten Zwiebeln), *zucchine grigliate* (gegrillten, marinierten Zucchini)

PECORINO ALLA GRIGLIA
Gegrillter Schafskäse

ALICI MARINATE
Marinierte Sardellen

BOTTARGA DI TONNO
Getrockneter, gesalzener Thunfischrogen

Primi Piatti

FILEJA ALLA TROPEANA
Kalabrische Nudelsorte mit Tomatensauce, *'nduja* und Mozzarella

PASTA CASARECCIA AI FUNGHI PORCINI E SALSICCIA
Hausgemachte Nudeln mit Steinpilzen und Bratwurstbrät

LINGUINE ALLE VONGOLE
Breite Spaghetti mit Venusmuscheln

SCIALATELLI CON CIPOLLE ROSSE
Kurze, dicke Nudeln mit roten Tropea-Zwiebeln

Secondi Piatti

AGNELLO ALLA BRACE
Gegrilltes Lamm

CAPRETTO AL FORNO
Zicklein aus dem Ofen

MORSEDDU
Geschmorte Innereien im Ringbrot

PESCE SPADA AI FERRI
Gegrillter Schwertfisch

BACCALÀ
Gesalzener und luftgetrockneter Klippfisch (Kabeljau)

Dolci

SORBETTO AL LIMONE
Zitronensorbet

TARTUFO DI PIZZO
Eisspezialität aus Pizzo in der Art einer Trüffelpraline

FICHI AL FORNO
Im Ofen gedörrte Feigen

SHOPPEN & STÖBERN

Das vergleichsweise arme Kalabrien überrascht mit einer großen Vielfalt an kunsthandwerklichen und kulinarischen Souvenirs und Mitbringseln.

OH, ES RIECHT GUT, ES RIECHT FEIN

Wahre Schnäppchen sind kalabrische Duftwässer, gedeiht doch die Bergamotte, Grundlage jedes echten Eau de Cologne, am Fuß des Aspromonte. Das Acqua degli Dei *(acquadeglidei.it)*, das „Götterwasser", erhältlich vor allem in Tropea, vereint die Gerüche Kalabriens.

QUALMEN WIE OPA

Einmal in die Serre nach Brognaturo zu *Vincenzo Grenci (Viale Dante Alighieri 22)* oder nach Reggio zu *Fabrizio Romeo (Via San Giuseppe 87 | fab rizioromeopipe.it)*, bitte! Warum? Um eines der ausgefallensten Souvenirs zu besorgen: eine handgeschnitzte Pfeife aus Bruyère, dem feuerfesten Wurzelholz der Erika vom Aspromonte. Wer es ganz extravagant möchte, muss jedoch Zeit mitbringen: Sonderanfertigungen dauern ein paar Wochen. Und für ein richtig gutes Exemplar sollte der Geldbeutel mit ca. 400 Euro gefüllt sein.

VORSICHT, ZERBRECHLICH!

Im Landesinneren wird immer noch nach alter Tradition getöpfert. *Rocco Condurso* in Seminara fertigt *spaventose*, furchterregende Masken, die das Böse abwehren sollen, und *babbaluti*, skurrile Vasen in Menschengestalt. In Squillace brennt *Antonio Commodaro* seine irdene Ware in einem Holzofen aus dem 17. Jh.!

LECKERSCHMECKER

Mit kulinarischen Mitbringseln wie der höllenscharfen *peperoncino*-Mettwurst

Die vielleicht beste Lakritze der Welt, dazu in nostalgischer Verpackung: Amarelli in Rossano (li.)

'nduja begleitet dich das Feuer Kalabriens noch monatelang. Bei einer Fahrt durch die Sila Grande kann man sich an Straßenständen oder in den Geschäften von Camigliatello Silano mit getrockneten Steinpilzen, geräuchertem Käse und luftgereiften Salamis eindecken. Ein letzter, klitzekleiner Gruß aus Kalabrien: Die beste Lakritze der Welt verpackt *Amarelli* aus Rossano in hübsche, nostalgische Blechdöschen.

FUNKELN WIE EINE DIVA

Die Familie des Papstlieferanten *Giovanni Battista Spadafora (spadaforagioielli.it)* fertigt seit 1700 in San Giovanni in Fiore perlenbesetzte Preziosen in normannisch-arabischer Tradition. Filmdiven gönnen sich gern die von antiken Goldschmiedearbeiten inspirierten Schmuckstücke des Juweliers *Gerardo Sacco (gerardosacco.com)* aus Crotone, der sich durch seine Zusammenarbeit mit Franco Zeffirelli auch als Filmausstatter einen Namen gemacht hat.

URALT & BRANDAKTUELL

Im Mittelalter brachten Byzantiner die Kunst der Seidenherstellung nach Süditalien. In San Floro bist du beim *Nido di Seta (nidodiseta.com)* nicht nur live dabei, sondern kannst dir sogar ein Kit zur Seidenherstellung mit nach Hause nehmen. In Longobucco in der Sila Greca weben die Frauen die alten Muster immer noch mit der Hand. Besuch hier den Stammsitz der Familie *Celestino (Via Monaci 14 | mariocelestino.it)* oder geh in San Giovanni in Fiore bei Domenico Caruso in die „Stoffschule" *Scuola Tappeti Caruso (Via Gramsci 195).* Selbst Bischöfe und Mailänder Couturiers schätzen die edlen Stoffe.

INSIDER-TIPP
Selbst Seide spinnen

SPORT

Zwei lange Meeresküsten und teils grüne, teils raue Gebirgsformationen: Kalabrien ist ein Traumland für Aktivurlauber. Nicht nur die *turisti,* auch immer mehr Einheimische entdecken die großartige Bergwelt der Region und stellen fest, dass es außer dem faulen Strandleben auch sportliche Herausforderungen gibt. Im Trend liegt *trekking,* wie das Wandern hierzulande genannt wird, doch auch andere Sportarten werden immer beliebter und rücken in den Fokus der Kalabresen, an den Küsten natürlich vor allem Aktivitäten, die im und auf dem Wasser stattfinden wie Kitesurfen oder Stand-up-Paddling.

WANDERN

Auch wenn die Markierung noch sehr lückenhaft ist, eignen sich die Nationalparks Pollino, Sila und Aspromonte ideal zum Wandern. Informationen liefern die Websites *parcopollino.it, parcosila.it* und *parcoaspromonte.gov.it.* Lokale Initiativen wie *Camminasila (camminasila.com)* und Ortsverbände des *Club Alpino Italiano (caireggio.it)* bieten geführte Touren an. Solange der Vorrat reicht, erhältst du in den Parkbüros Prospekte und Wanderkarten. Zum Teil stehen die Informationen auch als Download – meist versteckt – auf den Websites (z. B. *caicastrovillari.it*) zur Verfügung. Gib als Stichwort „itinerari" oder „sentieri" in das Suchfeld ein. Infos auch auf *italien-aktiv.info.*

Kalabria Coast to Coast heißt der 55 km lange Weg von Soverato an der ionischen Küste über das Serra-Gebirge bis nach Pizzo auf der tyrrhenischen Seite: drei Tage, zwei Übernachtungen und jede Menge Eindrücke *(kalabriatrekking.it).* Ein ebenfalls besonderes und (ent-)spannendes Erlebnis bietet *Camminasila (Tel. 3479131310 |*

Topspots zum Tauchen gibt es viele – vor Capo Rizzuto lockt sogar eine geschützte Riserva Marina

INSIDER-TIPP
Im Wasser watscheln

camminasila.com) an: einen geführten Watertrekking-Ausflug durch den Fluss Garga in der Sila: hin und wieder ein kleiner Rutsch, ein paar Spritzer, das sanfte Plätschern des Wassers inmitten einer grünen Pflanzenlandschaft – noch naturverbundener geht es nicht.

RADFAHREN & MOUNTAINBIKING

Verkehrsarme Nebenstraßen im Rücken der Costa dei Cedri verleiten zu Landpartien, zu abwechslungsreichen Tagesausflügen lockt das bäuerliche Hinterland von Tropea. Anspruchsvolle Mountainbikerouten gibt es im Aspromonte. In Tropea und Scalea finden sich mehrere Mountainbikeverleiher. Profi-MTBs und Tourentipps gibts bei *Altipiani (Camigliatello Silano | Via Roma 89 | Tel. 09 84 57 87 66 | inaltipiani.it)* in der Sila Grande und bei *Moonlight (Ortsteil Torre Ruffa | Villaggio Baia del Sole | Tel. 34 98 11 40 54 | velamoonlight.com)* am Capo Vaticano. Einige Tourenvorschläge als Gratis-GPS-Download finden sich auf *gps-tour.info* oder *alltrails.com.*

TAUCHEN

Tauchschulen gibt es in vielen Orten entlang der Küsten. Die Riserva Marina di Capo Rizzuto ist ein wahres Unterwasserdorado. Bereits mit Schnorchel und Maske eröffnet sich dir eine farbenprächtige Unterwasserwelt. Eine Topadresse am Ionischen Meer ist das *Diving Center Punta Stilo (Via Nazario Sauro 10 | Tel. 34 73 34 00 03 | divingcenterpuntastilo.it)*. Ideale Tauchgründe und gute Tauchschulen auf der tyrrhenischen Seite sind das *Scilla Diving Center (Via Annunziata | Tel. 09 65 75 45 85 | scilladiving.it)* oder das *Tropea Sub Diving Center (Porto di Tropea | Tel. 34 78 31 74 37 | tropeasub.it).*

RAFTING & KAJAKFAHREN

Der Lao im Norden Kalabriens ist eines der besten Wildwasserreviere Europas. Neben *Laoraft (laoraft.it)* in Scalea veranstaltet auch *Lao Rafting (laorafting.com)* in Laino Borgo Rafting- und Kajaktouren. Ein bisschen ruhiger geht es auf dem Lago Arvo in der Sila zu *(camminasila.com)*.

SEGELN

Vibo Valentia Marina besitzt den besten Yachthafen Kalabriens am Tyrrhenischen Meer. *Franco Ranieri (Pontile da Carmelo | Via Emilio 66 | Tel. 09 63 57 26 30 | marinacarmelo.it)* verchartert hier Segelyachten. Ein absolut lohnendes Ziel sind die Liparischen Inseln vor der Nordküste Siziliens.

Die Riserva Marina am Capo Rizzuto fasziniert über und unter Wasser mit einer artenreichen Tier- und Pflanzenwelt. Die *Segelschule Ostro (Piazza Gramsci 15 | Tel. 33 57 72 92 36 | ostro.it)* in Crotone bietet Bootsausflüge an (Start auch von Le Castella). Abenteuerlicher ist es, mit einer der 22 Fuß langen Segelyachten (bis sechs Personen, englischsprachiger Skipper) zu einem Dreistunden- oder Tagestörn aufzubrechen.

WIND- & KITESURFEN

Gute Surfreviere finden sich auf der ionischen Seite am Golf von Squillace. 10 km südlich von Reggio spannt an der windumtosten Punta Pellaro die Kite- und Windsurfschule *New Kite Zone (newkitezone.it)* ihre Segel auf – Wellenreiten mit dem Ätna im Blick. In Reggio selbst ist *Windsurf dello Stretto (Via Porto Candeloro 7 | windsurfdellostretto.eu)* eine gute Adresse. Angesagte Spots auf der tyrrhenischen Seite sind Scilla und Capo Vaticano. Auf halber Strecke zwischen dem Flughafen Lamezia Terme und Pizzo bietet das Team von *Moonlight (velamoonlight.com)* Katamaran- und Surfkurse für Anfänger und Fortgeschrittene, Kinder und Erwachsene an. Nicht nur bei Seglern, Kite- und Windsurfern beliebt ist die lässige Strandbar *Hang Loose Beach (hangloosebeach.it)* in Gizzeria Lido, wo sich Sportbegeisterte sowohl an Land (Beachvolleyball, Skatebahn) als auch im Wasser auspowern können.

REITEN

Viele *agriturismi* bieten ihren Gästen die Möglichkeit zum Reiten an, z. B. bei Morano Calabro *La Locanda del Parco (2 km von der Autobahnausfahrt Morano Calabro | Tel. 0 98 13 13 04 | la locandadelparco.it)*. Die *Valli Cupe – Cooperativa Segreti Mediterranei (Tel. 33 38 34 28 66 | Facebook)* in Sersale organisiert Reit-, Wander- und Jeepausflüge in der Sila Piccola. .

PARAGLIDING

Entlang der tyrrhenischen Küste finden Gleitschirmflieger ideale Bedingungen. In Praia a Mare ist Nicholas Rinaldis *FlyTirreno (Tel. 34 75 57 05 95 | flytirreno.com)* ein professioneller Anbieter von Kursen und Tandemflügen. In *Scalea* bietet *Laoraft (Via Lauro 10–12 | Tel. 33 82 23 67 44 | laoraft.it)* Kurse und Flüge auch in Zweisitzern an.

SKI & SNOWBOARDING

Die Abfahrtspisten von *Gambarie* sind spektakulär: Hier kannst du mit Blick auf den Feuer spuckenden Ätna und die Meerenge von Messina wedeln. In der *Sila Grande* spurt die Forstverwaltung von Dezember bis Februar kilometerlange Loipen vorbei an den vereisten Seen. Infos und Ausrüstung: *Altipiani (Camigliatello Silano | Via Roma 101 | Tel. 09 84 57 87 66 | inaltipiani.it)*

Ob Ionisches oder Tyrrhenisches Meer: Bei so viel Küste findet jede ihr Lieblingsrevier

DIE REGIONEN IM ÜBERBLICK

F. Bradano
Lebendige Vergangenheit und Natur pur fühlen
Montegiordano Marina
Golfo di Taranto
POLLINO & GOLF VON TARENT S. 48
Cariati
COSENZA & DIE SILA S. 62
F. Neto
CATANZARO & CROTONE S. 74
Catanzaro
Einsame Küsten, griechische Säulen und Hauptstadtgewimmel
Golfo di Squillace
Monasterace Marina
MARE IONIO
Raues, karges Gebirge versus Großstadttrubel
25 km
15.53 mi

RIVIERA DEI CEDRI

SCHARFE FESTE UND ZITRONENRAUSCH

„Riviera dei Cedri", Küste der Zedratzitronen, hat die Tourismuswerbung den Nordwesten Kalabriens getauft. Und das zu Recht: Schließlich verströmen an diesem Küstenabschnitt die weißen Blüten dieser Bäume vor allem im Frühjahr und Sommer ihren herrlichen Duft – und die Bedeutung der grüngelben Früchte, nach denen erst die Rabbiner verlangen und deren kandierte Schale später den deutschen Weihnachtsstollen würzt, ist auch nicht von der Hand zu weisen.

Glasklares Wasser und ein spektakulärer Felsbogen: Strandbucht am Arco Magno

Trotz vieler Bausünden der 70er- und 80er-Jahre haben sich die meisten Städtchen oberhalb der stark befahrenen Küstenstraße SS 18 charmante Altstadtkerne bewahrt. Mit Linienbus oder Auto schnell zu erreichen sind die Naturparadiese der Monti di Orsomarso und der wilden Flusslandschaften des Lao und Argentino. Zurück an der Küste locken die kilometerlangen, sauberen, teils schwarzen Kiesstrände von Diamante-Cirella sowie zwischen Scalea und Praia a Mare. Auf einer Kutterfahrt lässt sich die Küste aus ihrer schönsten Perspektive erleben.

RIVIERA DEI CEDRI

MARCO POLO HIGHLIGHTS

★ **DIAMANTE-CIRELLA**
Monumentale *murales,* herrliche Strände und an der Uferpromenade Eisdielen mit knallgrüner *granita di cedro* ➤ S. 44

★ **SCHLAUCHBOOTFAHRTEN AUF DEM LAO**
Und ab geht die wilde Reise: beim Rafting auf dem Lao ➤ S. 46

★ **GROTTA DEL ROMITO**
Stein(zeit)alte Kunst: Hier wurde vor 11 000 Jahren ein Auerochse in den Fels geritzt ➤ S. 47

Viggianello
Rotonda
BASILICATA
A2
Laino Castello
6 Grotta del Romito
3
Mormanno
Morano Calabro
Frascineto
263
San Basile
Castrovillari
Cassano all'Ionio
241
45 km, 1 ¼ Std.
Verbicaro
Lungro
Acquaformosa
Firmo
534
Altomonte
CALABRIA
264
Spezzano Albanese
Vallo Marino
Macellara
Casello
San Sosti
Lago dell'Esaro
A2
Roggiano Gravina
Tarsia
Sant'Agata di Esaro
Malvito
Fagnano Castello
283
San Marco Argentano
Santa Sofia d'Epiro
Cetraro
Mongrassano
Sartano
Torano Castello
Bisignano
Acquappesa
San Martino di Finita
Santa Maria le Grotte
7 Terme Luigiane
Pantana
Guardia Piemontese
Rota Greca
Cozzo Carbonaro
Piretto
Luzzi
31
San Benedetto Ullano
Montalto Uffugo
Fuscaldo
Rose
18
San Vincenzo la Costa
A2
5 km
3.11 mi
8 Paola

DIAMANTE-CIRELLA

(📖 D7) **Der Zwillingsort (5200 Ew.) besteht aus dem größeren ★ Diamante und dem etwa 5 km nördlich gelegen Cirella.**

Mit einem *peperoncino*-Eis oder einer giftgrünen *granita di cedro* lässt es sich prima an der Uferpromenade oder durch die Altstadt von Diamante schlendern. Langeweile kommt dabei sicher nicht auf, denn an fast jeder Mauer gibt es ein Kunstwerk zu bestaunen!

SIGHTSEEING

MURALES

Warum denn Bilder immer nur steril in Museen hängen? In Diamante und Cirella wurden sie seit den 1980er-Jahren überall in der Stadt direkt auf die Hausfassaden gemalt: hier wunderschön, da zum Nachdenken anregend, dort eine Geschichte erzählend, teils schon etwas verblasst … auf jeden Fall sehenswert – ein monumentaler Freiluftkatalog folkloristischer, politischer, erotischer und sozialer Wunschträume.

CIRELLA VECCHIA

Einmal gespenstische Romantik, bitte! Cirella Vecchia wurde 1806 von Napoleon zerstört und anschließend von den Bewohnern verlassen, nun thront die alte Siedlung auf einem Hügel über dem neuen Cirella und sollte unbedingt bei Sonnenuntergang besucht werden: Leichtes Gruseln zwischen den Ruinen und ein phantastischer Ausblick auf die Küste belohnen den Aufstieg.

ESSEN & TRINKEN

LA GUARDIOLA

INSIDER-TIPP **Zackenbarsch am Haken**

Du willst dein Mittagessen selbst frisch fangen? Claudios Bruder nimmt dich gern auf seinem Fischkutter mit – oder du vertraust ihm einfach und lässt es dir schmecken. Dazu ein Ausblick, der dich fast das Essen vergessen lässt. Abends gibt es auch Holzofenpizza. *April–Okt. tgl. | Diamante | Lungomare Riviera Bleu | Tel. 09 85 87 67 59 | laguardioladiamante.it | €€–€€€*

CAFFÈ NINÌ

INSIDER-TIPP **Feurig-kalter Gaumenkitzel**

Eros oder Afrodisia: So heißen hier die heißkalten (Eis-)Sünden mit Pfiff, nämlich mit *peperoncino*. *Tgl. | Diamante | Lungomare Ludovico Fabiani | Facebook*

DA LUCIO

Lässiges Strandristorante mit Liegestühlen an der schönen Kiesbucht unterhalb der Villa Ducale von Cirella. Unprätentiös wird hier frisch zubereiteter Fisch serviert. *April–Okt tgl. | Tel. 0 98 58 68 31 | €€*

SHOPPEN

PASSIONE ARTISTICA

Maritim oder *peperoncino*-rot, Naturmaterialien oder Keramik, Accessoires oder Schmuck – und immer wunderschön! *Diamante | Piazza XI Febbraio 10 | passioneartistica.it*

RADICI DI CALABRIA

Würste, Marmeladen, Schokolade, Liköre – und alle mit *peperoncino! Diamante | Piazza XI Febbraio | prodotti-tipici-calabresi.net*

STRÄNDE

Rechts oder links? Egal – ausgedehnte Sand- und Kiesstrände gibt es auf beiden Seiten beider Orte. Besonders idyllisch ist die *Spiaggia Piccola* in Diamante, der „kleine Strand", der seinem Namen alle Ehre macht.

SPORT & SPASS

Schnorchler und Taucher fliegen hier auf Wolke sieben – natürlich unter Wasser. Auf den wenig befahrenen Bergstraßen können sich Powerbiker austoben.

Ob in Diamante oder Scalea, San Nicola Arcella oder Praia a Mare: Das Meer ruft!

RUND UM DIAMANTE-CIRELLA

1 MAIERÀ

10 km nordöstlich von Diamante/ 20 Min. über die SP 15 und SP 12

Malerisch, felsig, kreativ, beängstigend: Es gibt viele Adjektive, die das Bergdorf beschreiben könnten. Auf der einen Seite die tiefe Schlucht des Torrente Vaccuta nach Grisolia, auf der anderen ein hinreißender Blick zum Meer, steile Felsen – und mittendrin etwas sehr Scharfes, denn die kleine Schote hat hier ihr eigenes Museum: das *Museo del Peperoncino (Mitte Juni–Mitte Sept. tgl. 18–22 Uhr | Piazza Francesco Vaccaro | Facebook | 30 Min.)*. 1 km außerhalb bekommt man im *Casamaierà (Via Arieste 78 | casamaiera.it)* allerlei lokale Delikatessen, darunter solche aus der Zedratzitrone: Likör, Sirup, Marmelade ... natürlich alles aus eigener Herstellung! *D7*

2 SANTA MARIA DEL CEDRO

10 km nordöstlich von Diamante/ 20 Min. über die SS 18 und SP 9

Der Ort im Tal des Abatemarco ist das Zentrum des Zedratzitronenanbaus. Im *Museo del Cedro (Juni–Sept. Di–So 9.30–12.30 und tgl. 16.30–20.30 Uhr, Okt.–Mai nur nach Anmeldung | Via Impresa | Tel. 0985425 98 | museodelcedro.com)* kannst du Erzeugnisse aus den *cedri* probieren und kaufen. *D7*

Oberhalb von Paola liegt das dem Schutzheiligen Kalabriens geweihte Kloster San Francesco

3 SCALEA

15 km nördlich von Diamante/25 Min. über die SS 18

Der Ort (11 000 Ew.) mag auf den ersten Blick enttäuschen: viele Neubauten, die teilweise durch die Salzluft schon wieder verwittert und heruntergekommen erscheinen. Doch die Altstadt hebt die Stimmung: verwinkelt, eng, mit Tausenden Stufen, die unter den Häusern hindurchführen wie ein kleines Labyrinth. Irgendwann gelangst du zum Strand und entdeckst dort das Wahrzeichen der Stadt, die *Torre Talao (tgl. 10–12 und 17–20 Uhr | Via Nazario Sauro).* Sie ist einer der insgesamt 337 aragonesischen Türme, die zur Verteidigung der Küste unter Karl V. gebaut wurden. Der Ausblick von oben über die Riviera dei Cedri ist sagenhaft! Wenn der Magen knurrt, empfiehlt sich in den Hügeln der *Agriturismo La Rondinella (im Winter Di geschl. | Via Vittorio Emanuele III 21 | Tel. 0 98 59 13 60 | la-rondinella.it | €€),* denn dort hat selbst die Limonade Bioqualität: ausgepresster Saft, etwas Zucker und Sprudelwasser – fertig! Käse, Eier, Fleisch, Wein, Salat, Obst … Alles stammt aus eigener Produktion. Das schmeckt man!

INSIDER-TIPP
Softdrink geht auch gesund

Unbedingt lohnend sind ★ *Schlauchbootfahrten auf dem Lao (tgl. April–Nov.),* die von *Laoraft (Via Lauro 10–12 | Tel. 33 82 23 67 44 | laoraft.it)* angeboten werden – im Winter und Frühjahr auch anspruchsvollere Touren auf dem Oberlauf des Flusses. D6

4 SAN NICOLA ARCELLA

20 km nördlich von Diamante/ 30 Min. über Scalea

Die Altstadt von San Nicola (2000 Ew.) thront auf einem Felssporn. Der schönste Strand ist die *Spiaggia dell'Arcomagno:* dunkler Sand und ein faszinierender Felsbogen – beeindruckend! Der Fisch im *Il Furano (Di geschl. | Ortsteil Marinella | Tel. 09 85 30 06 44 |*

Facebook | €€€) kommt direkt vom Kutter, die Zubereitung ist perfekt. Im Restaurant kannst du Bootsfahrten im Golf von Policastro buchen. *D6*

5 PRAIA A MARE

30 km nördlich von Diamante/40 Min. über San Nicola

Der beliebte Badeort (7000 Ew.) lockt mit wunderschönen Sand- und Kieselstränden, die auch die Blaue Flagge erhalten haben. Der Wasservergnügungspark *Aqua Fans (Juli–Sept. tgl. 10–18.30 Uhr | Ortsteil Fiuzzi | Facebook)* ist ebenso wie Paddelbootfahrten zur *Isola di Dino* mit ihren Meeresgrotten nicht nur bei Kindern beliebt. Die Costa dei Cedri ist ein Topziel für Gleitschirmflieger. *Nicholas Rinaldi (Tel. 34 75 57 05 95 | flytirreno.com)* bietet Kurse und Tandemflüge an. *C–D6*

6 GROTTA DEL ROMITO ★

45 km nordöstlich von Diamante/ 1¼ Std. über die SS 18 und SP 3

Vor 11 000 Jahren haben hier Steinzeitmenschen einen Auerochsen in den Stein geritzt. Die Proportionen, die Präzision: beides perfekt, ein echter Künstler muss hier am Werk gewesen sein. Eindrucksvoll sind auch vier Gräber mit Skeletten eng umschlungener Pärchen: vereint über den Tod hinaus. *April/Mai tgl. 10–18, Juni–Sept. 10–20, Okt.–März 10–16 Uhr | grottaromito.com | 1 Std. | D6*

7 TERME LUIGIANE

30 km südlich von Diamante/35 Min. über die SS 18

Schon in der Antike wurde in den Thermalquellen Kalabriens gebadet. Das schwefelhaltige Wasser der Terme Luigiane in Acquappesa hat therapeutische Wirkung bei verschiedenen Wehwehchen. Allen, die nach dem Baden lieber duften, sei der Spabereich empfohlen. *Aktuelle Zeiten s. Website | termeluigiane.it | D8*

8 PAOLA

45 km südlich von Diamante/50 Min. über die SS 18

Im wichtigsten Wallfahrtsort (15 000 Ew.) Kalabriens wurde im 15. Jh. San Francesco da Paola geboren. Das verschachtelte Kloster *Santuario di San Francesco di Paola (tgl. 6.30–18 Uhr, im Sommer länger | santuariopaola.it)* mit Einsiedlergrotte schmiegt sich oberhalb des Orts in die Schlucht des Flusses Isca. Der Schutzpatron Kalabriens wird von den italienischen Matrosen angebetet. Sein größtes Wunder war die Fahrt in Begleitung eines Mitbruders über die Straße von Messina – auf seinem Mantel stehend! Dieser *Santo Mantello* wird in Paola verehrt. *D8*

SCHÖNER SCHLAFEN AN DER COSTA DEI CEDRI

BUNT & GÜNSTIG

Die vier farbenfrohen Zimmer des B & B *Utopyas del Cavernicolo (Via Romito 44 | Tel. 32 48 19 99 06 | Facebook | €)* in *Papasidero* sind blitzsauber und auf dem weitläufigen Gelände kann man Zelte aufschlagen. Die Grotta del Romito und das Laotal liegen vor der Haustür und eine prima Trattoria gehört auch dazu.

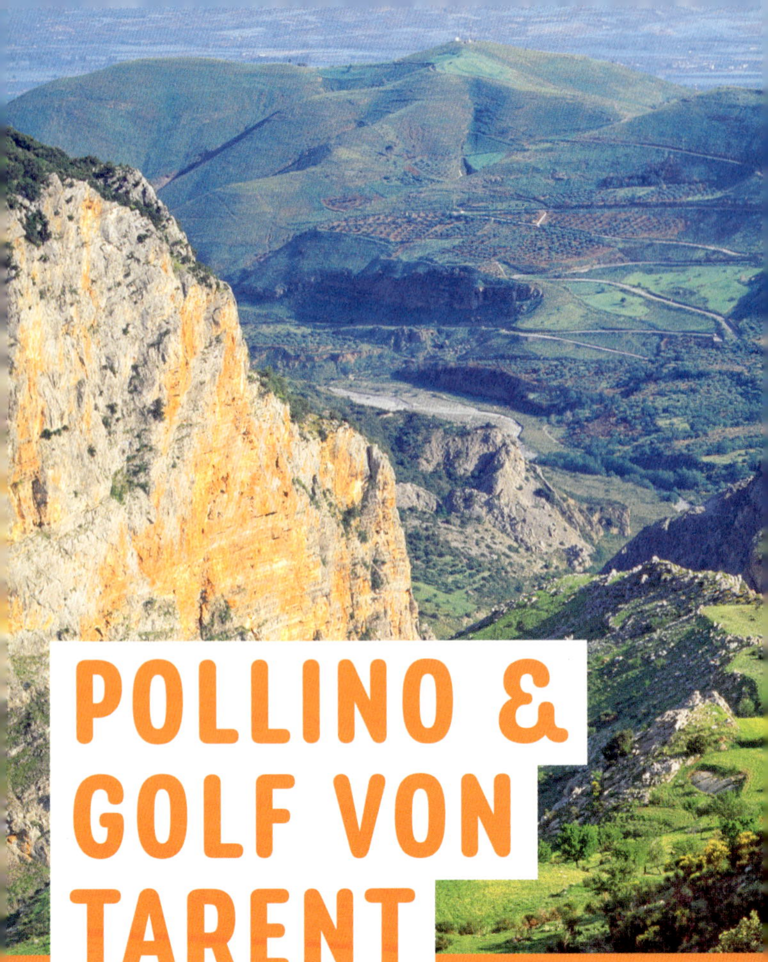

POLLINO & GOLF VON TARENT

BIZARRE BERGWELT UND BUNTES BADELEBEN

Als mächtiger Kalksteinriegel legt sich das Pollinomassiv, dessen höchster Gipfel Serra Dolcedorme (2267 m) sich an der Grenze zur Basilikata erhebt, an einer der schmalsten Stellen der Apenninhalbinsel quer. Jahrhundertelang ein Verkehrshindernis, garantiert längst die Autostrada del Sole die Erreichbarkeit der Stiefelspitze.

Bilderbuchorte wie Altomonte und Morano Calabro eignen sich als Basis für die Erkundung des Parco Nazionale del Pollino. Mit 2000 km²

Viel Platz zum Wandern: Der Parco Nazionale del Pollino ist Italiens größter Nationalpark

ist er der größte Nationalpark Italiens und begeistert mit seinen tiefen Schluchten, vereinzelten Karsthöhlen, seinen hoch gelegenen Weiden und Wiesen. Botanisches Markenzeichen der Bergwelt sind die bizarr verdrehten Panzerkiefern *(pino loricato)*. In vielen Bergdörfern hat sich albanisches Brauchtum erhalten und wird gelebt – dazu gehören eine eigene Sprache, eigene Feste und Trachten. Badespaß bieten die Strände an der ionischen Küste. Eine Tour durchs Pollinogebirge findest du im Kapitel „Erlebnistouren".

POLLINO & GOLF VON TARENT
Lago di Monte Cotugno
742
San Giorgio Lucano
Noepoli
Episcopia
Francavilla in Sinni
Agromonte Magnano
San Costantino Albanese
Cersosimo
Oriolo
San Severino Lucano
4
BASILICATA
Viggianello
Rotonda
Alessandria del Carretto
Plataci
70 km, 1 Std. 10 Min.
A2
1 Parco della Lavanda
Morano Calabro
S. 52
Kamastra
4 Cerchiara di Calabria
Villapiana
Canyon des Raganello
2 Frascineto (Frasnitë)
Civita (Çifti)
S. 54
Castrovillari
S. 53
San Basile
263
15 km, 20 Min.
Cassano all'Ionio 3
Lauropoli
35 km, 1 Std.
CALABRIA
241
Sibari (Sybaris) 8
Lungro
Doria
Acquaformosa
Firmo
534
263
Apollinara
Altomonte
S. 57
50 km, 1 Std. 10 Min.
Spezzano Albanese
Vallo Marino
Cantinella
Macellara
283
Terranova da Sibari
Tarsia
184
A2
Roggiano Gravina
Malvito
65 km, 1 Std. 10 Min.
Vaccarizzo Albanese
San Demetrio Corone
5 km
3.11 mi
283
Santa Sofia d'Epiro
Cervicati

MARCO POLO HIGHLIGHTS

★ **ALTOMONTE**
Kunst und Küche bilden hier das Kapital
➤ S. 57

★ **CANYON DES RAGANELLO**
Die tiefste Felsschlucht des Pollino bei Civita ➤ S. 55

★ **KAMASTRA**
Schmaus in der albanischen Trattoria in Civita ➤ S. 55

★ **MORANO CALABRO**
Der Ort ist ein einziges Belvedere
➤ S. 52

★ **CODEX PURPUREUS**
Kostbare Evangelienhandschrift in Rossano ➤ S. 59

Die Ruine eines normannischen Kastells krönt den Bergkegel von Morano

MORANO CALABRO

(□ E6) **Schon von Weitem einer der schönsten Orte Kalabriens: ★ Morano (4500 Ew.) zieht sich als verschachtelte Pyramide eine Bergkuppe hinauf.**

Im Hintergrund bildet das meistens bis ins späte Frühjahr hinein verschneite Kalksteinmassiv des Pollinogebirges eine majestätische Kulisse. Stundenlang kann man ziellos durch das Labyrinth der engen Gassen und steilen Treppenwege streifen. Auf der Spitze des Stadthügels lockt die Ruine des normannischen Kastells mit einem atemraubenden Panorama.

SIGHTSEEING

SAN BERNARDINO DA SIENA

Die demonstrativ schmucklose Abteikirche wurde im 15. Jh. für den in Italien populären franziskanischen Prediger gebaut, der auch Stadtpatron von Morano ist. Meisterwerke der Holzschnitzkunst sind die Predigtkanzel und die Kassettendecke. Das Patronatsfest des Heiligen, der vehement für die Geschlechtertrennung während des Gottesdiensts eintrat, wird mit großem Prunk am 20. Mai begangen. *Di–So 9.30–12 und 16.30–18 (Winter 15.30–17.30) Uhr*

SANTA MARIA MADDALENA

Mach doch mal einen Spaziergang durch das (sowieso sehenswerte) *cen-*

tro storico von Morano und prüf, ob es stimmt, dass man die bunten Majolikakuppeln dieser Barockkirche von jedem Punkt aus erkennen kann. Im Inneren ähnelt das Gotteshaus fast einem Museum. Kostbarstes Exponat ist ein goldgrundiger Flügelaltar von 1477, der durch Gitter gesichert in der Sakristei gezeigt wird. *Tgl. 17.30–19 Uhr*

IL NIBBIO

Das kindgerechte Museum führt die Lebenswelten des Nationalparks Pollino vor Augen und Ohren. *April–Sept. tgl. 9–13 und 15–19, Okt.–März Di–So 10–13 und 15–18 Uhr | Vico II Annunziata 11 | ilnibbio.it | 45 Min.*

ESSEN & TRINKEN

LA CANTINA

Das Lieblingsrestaurant der Einheimischen in einem Landhaus außerhalb des Orts nordwestlich Richtung Mormanno serviert hausgemachte Pasta. *Mo geschl. | Ortsteil Terra Rossa | Tel. 0981310034 | €*

LA BAITA DI CAMPOTENESE

Stärkung für Fernfahrer und Wanderer an der landschaftlich reizvollen SS 19 nur wenige Hundert Meter von der Autobahnausfahrt Campotenese. *Sept. –Mai Mi geschl. | Tel. 3382894664 | €*

SPORT & SPASS

Die Schutzhütte Rifugio Biagio Longo südlich von Morano Calabro am Piano di Campolongo ist ideal als Startpunkt für Wanderungen, Mountainbike- und Schneeschuhtouren

RUND UM MORANO

1 PARCO DELLA LAVANDA

15 km westlich von Morano/20 Min. über die SP 241

Nanu, waren wir nicht eben noch in Süditalien? Natürlich, die immensen violetten Lavendelfelder lassen dich – vor allem zur Hauptblütezeit im Juli – nur kurz zweifeln, ob du nicht doch in der Provence gelandet bist. Bei einer Führung (nur auf Italienisch) auch durchs Labor wirst du in die Geheimnisse der Lavendelverarbeitung eingeweiht. Den himmlischen Duft gibts auch zum Mitnehmen im Säckchen, als Seife, als Öl … *Mai–Mitte Sept. tgl. 8.30–13 und 15.30–20, Mitte Sept.–April Di–Do 9–13 und 16–19 Uhr, in der Blütezeit (Juni–Aug.) reservieren! | Contrada Barbalonga | parcodellalavanda.it |* *D6*

INSIDER-TIPP
Das lila Leuchten

CASTROVILLARI

(E6) **Der erste Eindruck von Castrovillari (22 000 Ew.) ist vielleicht eher chaotisch. Aber wenn du das Auto erst mal auf dem Corso Garibaldi abgestellt hast, kannst du auf der Via Roma direkt ins erfrischend untouristische Gewusel eintauchen oder entspannt in die ruhige, Civita genannte Altstadt bummeln.**

SIGHTSEEING

CASTELLO ARAGONESE

Erst Burg, dann Gefängnis, heute Museum: Das typische Schicksal süditalienischer Wehrbauten teilt auch das 1490 erbaute Stadtkastell am Fuß der Altstadt. *Tgl. 9–13 Uhr* | *30 Min.*

SANTUARIO DELLA MADONNA DEL CASTELLO

Sisyphus lässt grüßen: Vergebens versuchten die Normannen, hier eine Festung zu errichten, die Mauern stürzten immer wieder ein. Eine wundertätige Ikone zeigte ihnen den wahren Wunsch des Himmels: eine Kirche, die heute noch das Marienbild beherbergt. Der Spaziergang wird mit einem phantastischen Panoramablick belohnt. *Tgl. 9–12 Uhr*

ESSEN & TRINKEN

OSTERIA LA TORRE INFAME

Am Castello leckere Pasta genießen. Abends wird der Holzofen für Pizzen angefeuert. *Mo geschl.* | *Largo Castello 16* | *Tel. 0 98 12 72 08* | *€–€€*

LA LOCANDA DI ALIA

Im Spitzenrestaurant der Brüder Alia gerät die kalabrische Küche, auf raffinierte Art neu interpretiert, zur Augenweide und zum Gaumenschmaus. *So-Abend geschl.* | *Via letticelli 55* | *Tel. 0 98 14 63 70* | *locandadialia.it* | *€€€*

SPORT & SPASS

Das abwechslungsreiche Ausflugsprogramm der engagierten Alpenvereinssektion CAI Castrovillari findest du auf deren Website. Wer gern auf eigene Faust unterwegs ist, klickt dann auf „Sentieri" und „Elenco Sentieri". Weg Nr. 921 führt zum Hausberg *Monte Sant'Angelo* mit phantastischen Panoramen – 3000 m vorwärts und 800 m hoch: Auf gehts! *Via Cairoli 80* | *Tel. 33 41 00 50 54* | *caicastrovillari.it*

INSIDER-TIPP
Kurz & knackig, grün & grandios

CIVITA (ÇIFTI)

(E6) **Das 1471 von albanischen Flüchtlingen gegründete 900-Ew.-Städtchen ist mit seinen ausgezeichneten Trattorien, den kleinen Läden, Bäckereien und freundlichen Bars ein idealer Platz, um der Kultur der Arbëreshe zu begegnen.** Den Bewohnern ist es gelungen, Sprache, Kultur, Brauchtum und Religion lebendig zu erhalten. Der Ort im Parco Nazionale del Pollino, dessen albanischer Name „Adlerhorst" bedeutet, wird erst im letzten Moment von der Straße aus sichtbar. Er ist ein guter Ausgangspunkt für spektakuläre Wanderungen in den Nationalpark.

Richte den Blick bei einem Rundgang durch Civita auch mal nach oben: Dabei sind eine Vielzahl auffällig geformter *comignoli* zu entdecken. Die aufwendige Verzierung der Schornsteine sollte vor allem helfen, das Böse abzuwehren, denn: Fenster und Türen kann man schließen, den Schornstein nie. Der Touring Club Italiano hat dem lebenswerten Ort das begehrte

Die spektakuläre Raganelloschlucht erkundest du am besten mit einem Bergführer

Tourismussiegel Bandiera Arancione („Orangefarbene Flagge") verliehen.

SIGHTSEEING

MUSEO ETNICO ARBËRESH

In Italien geboren, aber kein Italiener? Trachten, Bilder von Skanderbeg, dem albanischen Nationalhelden, Musik, ein Video der *vallja,* des österlichen Freudentanzes, zeigen stolz, was es heißt, ein Arbëresh zu sein. *Mitte Mai–Mitte Sept. tgl. 17–19.45 Uhr | Piazza Municipio | museoetnicoarbresh.org | 45 Min.*

CANYON DES RAGANELLO ★

Tief, tiefer, am tiefsten – schon allein der Weg nach unten in die Raganelloschlucht *Gole del Raganello* ist sensationell: steil, die Felsen fast drohend und der *Ponte del Diavolo (Teufelsbrücke)* das erste Ziel. Von dort aus klettert ein noch auf die Antike zurückgehender, überwucherter Felspfad *(Via del Peperoncino)* durch die Macchia bis auf den *Monte Demonio.* Klettere hinterher, aber besser mit Bergführer: Mehrere Hundert Meter tief stürzen die Felswände hier zum Raganello ab.

ESSEN & TRINKEN

KAMASTRA ★

Eine kulinarische Offenbarung in stimmungsvollem, rustikalem Ambiente: einfache, aber köstliche Gerichte wie *tumacme qiqrat* (Pasta mit Kichererbsen), Pilze, Zicklein und selbst gemachte Salami. *Außer im Aug. Mi geschl. | Piazza Municipio 3–6 | Tel. 0 98 17 33 87 | kamastra.net | €€*

SPORT & SPASS

TOUREN

Bergführer *Emanuele Pisarra* kennt jeden Weg und jede Pflanze des Pollino und weiß auch (auf Italienisch und Englisch) begeisternd von Kultur und Alltag seines Heimatdorfs zu erzählen. Er begleitet kurze und lange Wanderungen und organisiert für bequeme Naturen Jeeptrekkingfahrten zu den Gipfeln. *Via Gennaro Placco 12 | Tel. 33 38 73 28 29 | acalandrostour.it*

INSIDER-TIPP
Wandern auf vier Rädern

RUND UM CIVITA

2 FRASCINETO (FRASNITË)

7 km westlich von Civita/10 Min. über die SP 263

Welches ist der schönere Ort? Civita und Frascineto liegen im Wettstreit. Misch dich nicht ein, sondern genieß einfach die jeweiligen Vorzüge. In Frascineto gehört zu diesen das ☂ *Museo delle Icone e della Tradizione Bizantina (Di–Sa 10.30–13.30 und 17–19.30 Uhr | Piazza Albania | museodelleicone.it | 45 Min.)*: Anhand der hier ausgestellten, faszinierenden Werke lernen alle Byzanzlaien garantiert etwas dazu! *E6*

3 CASSANO ALL'IONIO

10 km südlich von Civita/25 Min. über die Via IV Novembre

Kleine Zeitreise gefällig? Dann geh in dem 18 000-Ew.-Städtchen erst mal in den Untergrund – und zwar in die *Grotte di Sant'Angelo (Juni–Sept. Di–So 9–13 und 15–19 Uhr, Okt.–Mai nur nach Reservierung unter Tel. 09 81 78 02 80 | Strada del Monte di Cassano).* Funde zeigen, dass sie schon in der Jungsteinzeit bevölkert war. Wenn du wieder oben bist, bummle durch das malerische *centro storico*. *E6*

4 CERCHIARA DI CALABRIA

25 km nordöstlich von Civita/35 Min. über die SP 263 und SS 92

Vom Zentrum des Orts (2400 Ew.) führt eine spektakuläre, mehrstündige Rundwanderung hinauf zum *Santuario Santa Maria delle Armi*, das auch mit dem Auto zu erreichen ist. Von der als Wallfahrtsziel verehrten Grottenkirche bietet sich ein großartiger Fernblick. Zurück im Ort genießt man hausgemachte Pasta mit frischen Pilzen und Salsiccia in der *Osteria al Ponte (Mi und außer Mai–Sept. mittags geschl. | Via Roma 81 | Tel. 34 83 46 18 08 | Facebook | €€).* Unterhalb des Bergstädtchens locken etwas streng riechende ländliche *Schwefelthermen (Juni–Sept. tgl. 7–21 Uhr)* mit der *Grotta delle Ninfe (Nymphengrotte)*, in denen vor 2500 Jahren schon die Sybariten kurten, überzeugt von der schmerz- und entzündungslindernden Wirkung des mineralstoffhaltigen, warmen Wassers. *E6*

INSIDER-TIPP
Entspannt die Nase rümpfen

5 ROCCA IMPERIALE

60 km nordöstlich von Civita/1 Std. über die SP 263 und SS 106

Die imposante Ruine der 1644 von Türken geplünderten Stauferfestung erhebt sich nördlich des Capo Spulico in 204 m Höhe an der Grenze zur Basilikata. Besonders fotogen ist der Anblick der von Kaiser Friedrich II. errichteten Burg vom Landesinneren aus. Bei einem Streifzug zu Fuß durch die labyrinthische Altstadt (3300 Ew.) stellt man fest, dass sie einen gepflegteren und weniger verlassenen Eindruck macht als manch anderer kalabrischer Bergort.

Rocca Imperiale umgeben duftende Zitronenhaine – es ist ein offenes Geheimnis, dass etliche der berühmten „Amalfi-Zitronen" in und um Rocca Imperiale an den Bäumen wachsen. Die viermal im Jahr blühende „Limone di Rocca Imperiale" wird unter dem IGP-Siegel für geschützte Herkunft vermarktet. Beweise für die reiche kulinarische und kosmetische Verwendbarkeit der gar nicht so sauren Früchte liefert die *Bottega del Limone (tgl. 17–20.30 Uhr | Corso Vittorio Emanuele 78 | Facebook).* Auf Anfrage ist auch eine „Lemon-Tour" inklusive Selberpflücken und Limoncello-Rezept buchbar. Sonnenbadliebhaber finden am 7 km langen Sand- und Kiesstrand ganz sicher ihr Lieblingsplätzchen. *E5*

ALTOMONTE

(E7) **Das liebevoll restaurierte 4300-Ew.-Städtchen ★ Altomonte wartet mit Kunstwerken von hohem Rang auf.**

Die herrschenden Adelsfamilien der Sangineto und Sanseverino spielten

Für Wanderungen im Pollino-Nationalpark ist Civita ein ideales Standquartier

Santa Maria della Consolazione repräsentiert den Baustil der Anjougotik

eine wichtige Rolle am neapolitanischen Königshof der Anjou und holten als Mäzene prominente Künstler in die Provinz.

Altomonte hat sich zu einem Modell für niveauvollen und sozialverträglichen Tourismus entwickelt. Ateliers, traditionelles Handwerk, „Hotels de Charme" in historischen Altstadtbauten und Trattorien mit unverfälschter Kost sorgen für ein entspanntes Flair, wie man es sonst an den Kunststädten der Toskana schätzt.

SIGHTSEEING

SANTA MARIA DELLA CONSOLAZIONE

Ein bisschen taucht sie beim Bummel durch die Altstadt immer wieder zwischen den Häuserlücken auf – und beim Blick auf die Stadt von Weitem ist sie sowieso nicht zu übersehen: Sie hat etwas Magisches, Anziehendes … Du wirst also wahrscheinlich nicht umhinkommen, dir diese gotische Kirche mal genauer anzuschauen. Im 14. Jh. auf der Basis einer normannischen Kirche zu ihrer heutigen Form umgebaut, beeindruckt vor allem die 16-blättrige Fensterrose mit einem Durchmesser von 7 m. Im Inneren ließ sich der 1377 verstorbene Stadtherr ein Marmorgrab mit aufwendigem Figurenprogramm meißeln. Und falls du es mit Kirchen so gar nicht hast: Wenigstens den Ausblick auf Altomonte und das Pollinogebirge von der Piazza vor der Kirche solltest du dir nicht entgehen lassen!

ESSEN & TRINKEN

OSTERIA SAN FRANCESCO

So rustikal das Ambiente ist, mit so viel Liebe wird gezaubert: selbst gemachte Pasta, ein täglich wechselndes Menü. Francesco entscheidet, du schlemmst. *Okt.–März Mo geschl. | Largo Fuscaldo 11 | Tel. 09 81 94 48 51 | €€*

RISTORANTE BARBIERI

Diesem Restaurant eilt sein guter Ruf voraus – das meiste aus eigener Produktion, viel bio, typisch kalabrisch. Lust auf eine kulinarische Rundreise durch Kalabrien? Dann nimm Platz und genieß! Viele Produkte kannst du auch kaufen und mitnehmen. Dazu gehören außerdem noch ein Hotel und die *Cantina Barbieri (mittags geschl., im Winter nur Fr-Abend und Sa-Abend geöffnet | Piazzetta di Santa Maria della Consolazione),* eine schicke Weinbar in altem Gemäuer. *Tgl. | Via Italo Barbieri 30 | Tel. 09 81 94 80 72 | famigliabarbieri.net | €€€*

SHOPPEN

LIQUORE MOLITERNO

Pass auf, dass du nicht zu viel probierst – hier wird es hochprozentig! Die Liköre dieses Familienbetriebs (seit 1935) sind handgebrannt, mehr als 900 Rezepte hält Giulio unter Verschluss, alle mit natürlichen Zutaten wie Wildfenchel, Zitrusfrüchten, Walderdbeeren und sogar Steinpilzen!

INSIDER-TIPP
Multifunktionslikör

Dieser schmeckt nicht nur hervorragend als Aperitif, sondern ebenso als Geheimzutat im Risotto, in der Pilzsauce etc. *Tgl. 9.30–12.30 und 15–19 Uhr | Via Ciro Luigi Giacobini 123 | liquoremoliterno.it*

ROSSANO

(▯ F7) **Die nie von Sarazenen eroberte schöne Hügelstadt Rossano (36 500 Ew.) in den nördlichen Ausläufern der Sila Greca war jahrhundertelang das politische und religiöse Zentrum der byzantinischen Mönchskultur Kalabriens.**
Der größte Schatz des Bergstädtchens, das auch heute noch fast griechisch wirkt, ist der Purpurkodex, eine aus Syrien oder dem Heiligen Land stammende Bibelhandschrift aus dem 6. Jh.

SIGHTSEEING

SANTISSIMA ACHIROPITA

Acheiropoieta bedeutet auf Griechisch „nicht von (Menschen-)Hand gemacht". Was meinst du? Ist das Fresko aus dem 8. Jh. tatsächlich von Engeln gemalt? Vorsichtshalber wird es hinter einem Barockgitter in der zu Beginn der normannischen Epoche erweiterten Kirche verehrt.

MUSEO DIOCESANO D'ARTE SACRA

Das moderne Diözesanmuseum mit Videosaal ist ein würdiger Rahmen für den ★ *Codex Purpureus.* Die Bedeutung der mit silberner Tinte auf purpur gefärbtem Pergament gemalten Evangelienhandschrift in griechischer Spra-

Filigranes Steinchenpuzzle: Mosaiken im byzantinischen Patirion-Kloster

che wurde erst 1879 von einem evangelischen Theologen entdeckt: Es handelt sich nämlich um das älteste und am reichsten ausgeschmückte griechische Evangeliar. Im 6. Jh. vermutlich in Syrien entstanden, gelangte das wertvolle Manuskript mit orthodoxen Mönchen im 7. Jh. auf der Flucht vor den Arabern nach Kalabrien. Von den ursprünglich geschätzt 400 Seiten sind 188 erhalten. Der reich bebilderte Text enthält das Matthäus- und Teile des Markus-Evangeliums. Interessantes Detail: Beim Abendmahl liegt Christus mit den Jüngern auf einem Speisesofa! *Juli–Mitte Sept. Di–So 9.30–13 und 16.30–20.30, Mitte Sept.–Juni 9.30–12.30 und 15–18 Uhr | 5 Euro | Via Arcivescovado 5 | museocodexrossano.it | ⏲ 45 Min.*

SAN MARCO

Kräftige Pfeiler stützen im Inneren die fünf Kuppeln der kleinen Kirche – ein besonders reizvolles Beispiel byzantinischer Architektur in Süditalien. *Tgl. 9.30–18, Juli–Mitte Sept. bis 20 Uhr*

ESSEN & TRINKEN

LA BIZANTINA

Terrassentrattoria mit üppigen Antipasti, Holzofenpizza und hausgemachter Pasta. *Mo und mittags geschl. | Corso Garibaldi 246c | Tel. 09 83 52 53 40 | bizantina.net | €€*

SHOPPEN

LIQUIRIZIA AMARELLI

INSIDER-TIPP
Ein Blondes mit schwarzer Note

Seit 1731 raspelt Familie Amarelli Süßholz, macht daraus Lakritz und verkauft es in hübschen kleinen Döschen. Auch Likör gibt es und sogar ein helles Bier mit einem Hauch von Lakritz – perfekt zu Pasta oder Fisch. *Führungen Juli–Mitte Sept. tgl. 10, 11, 12, 17, 18 und 19, Mitte Sept.–Juni 10, 11, 15 und 16 Uhr | Ortsteil Amarelli | SS 106 | Tel. 09 83 51 12 19 | museodellaliquirizia.it*

SPORT & SPASS

Am Patirion gibt es Wanderwege. Mit Tipps und Führungen hilft der *Club Trekking Rossano (Tel. 33 87 74 59 31)* weiter.

STRÄNDE

Am *Lido Sant'Angelo* mit azurblauem Wasser werden Strandträume wahr.

Weniger stark besucht sind die schönen Strände am 10 km östlich gelegenen *Capo Trionto*.

AUSGEHEN & FEIERN

Im Sommer ist am Lido Sant'Angelo nicht nur tagsüber immer was los, hier konzentriert sich das Freizeitangebot.

RUND UM ROSSANO

6 ACQUAPARK ODISSEA 2000

10 km nordöstlich von Rossano/ 25 Min. über die SP 250 und SS 106

Rutschen, rutschen, endlos rutschen! Der große Wasserspaßpark zwischen Rossano und Mirto lockt mit vielen Attraktionen. *Mitte Juni–Mitte Sept. tgl. 10–18.30 Uhr | Ortsteil Zolfara | odissea 2000.it |* G7

7 PATIRION (SANTA MARIA DEL PATIRE)

18 km westlich von Rossano/30 Min. über die SS 106 und Piragineti

Österreichische Kriegsgefangene bauten im Ersten Weltkrieg die steile Serpentinenstraße, die zu dem in 609 m Höhe gelegenen Basilianerkloster führt, einem wundervollen Zeugnis romanischer Baukunst. Eine schöne Wanderung geht auf halber Höhe rechts ab (Wegweiser). Durch Steineichenwälder und duftende Macchia führt der Pfad in einer knappen Stunde zum Ziel. Das Patirion wurde um 1100 von einem byzantinischen Abt gegründet. Den Boden schmücken Tiermosaiken des 12. Jhs. im Stil der berühmten apulischen Kathedrale von Otranto. *Tgl. 8–13 Uhrt | 1 Std. |* F7

8 SIBARI (SYBARIS) & TREBISACCE

30 km nordwestlich von Rossano/ 40 Min. über die SS 106 radd

Sybaris wurde im 8. Jh. v. Chr. von Griechen gegründet. Die reichen Sybariten verlegten Weinleitungen in ihrer Stadt und veranstalteten Kochwettbewerbe. Spazier durch den *Parco Archeologico (Di–So 9 Uhr–1 Std. vor Sonnenuntergang | Facebook)* an Thermen und Theatern vorbei und staun im *Museo Archeologico Nazionale della Sibaritide* über die spannendsten Funde! Der bis zu 100 m breite Strand von Sibari lädt anschließend zum Nichtstun ein. Noch schöner ist 15 km weiter in nördlicher Richtung die *Spiaggia di Trebisacce*, die seit vielen Jahren immer wieder mit der Blauen Flagge ausgezeichnet wird. F6–7

SCHÖNER SCHLAFEN IN MORANO CALABRO

GESTERN IM HIER UND HEUTE

Die Betreiber des Naturkundemuseums Il Nibbio sind unter die Gastwirte gegangen: Zehn Altstadthäuser wurden als *Albergo Diffuso Il Nibbio (Vico II Annunziata 11 | Tel. 33 48 80 32 92 | ilnibbio.it | €€)* in komfortable Gästebleiben umgewandelt und ehren dabei frühere Bewohner, z. B. in der *Casa del Vasaio*, dem Haus des Töpfers.

COSENZA & DIE SILA

ATHEN UND DIE SCHWEIZ IN KALABRIEN

Athen und die Schweiz?! In der Tat: Mit diesen Attributen schmücken sich Cosenza und die Sila. Die etwas baufällige, aber prunkvolle Stadt der Philosophen überzeugt in ihrer Gegensätzlichkeit: Auf der Brücke am Zusammenfluss von Busento und Crati erhebt sich Richtung Burg die charmante Altstadt; im Kontrast dazu beginnt fast am selben Punkt das junge, lebendig-verrückte und pulsierende Leben der Neustadt mit einem modernen Corso, der (nicht nur) zum Bummeln einlädt.

Um die 350 Jahre alt sind die Giganti della Sila, die Schwarzkiefern im Nationalpark Sila

Hebst du jedoch den Blick, wird er von den Ausläufern der Sila angezogen. Zwischen all dem Grün blitzen hell die Brücken auf, die sich an den nahen Bergen entlanghangeln. Dort gehts in die Natur, raus aus der Enge! Das bis knapp 2000 m hohe Gebirge voller Stauseen, ein ideales Terrain für viele Sportarten, wird von den Süditalienern geliebt, die im Sommer zum Wandern, Paddeln und Nichtstun und im Winter zum Skifahren kommen. Nordlichter reagieren stattdessen eher verblüfft auf die Kiefern-, Weißtannen- und Buchenwälder.

COSENZA & DIE SILA

MARCO POLO HIGHLIGHTS

★ **RISTORANTE EDELWEISS**
Das Restaurant des Hotels Aquila & Edelweiss bietet eine gehobene Sila-Bergküche mit Bodenhaftung ➤ S. 70

★ **I GIGANTI DELLA SILA**
Riesenbäume in der „kalabrischen Schweiz" bei Camigliatello ➤ S. 71

★ **CASTELLO SVEVO IN COSENZA**
Gut renovierte Burg mit wunderbarem Blick über die Stadt und in die Berge ➤ S. 67

San Giacomo d'Acri
Paludi
Cropalati
177
4 Longobucco
65 km, 1½ Std.
660
177
Parco Nazionale della Sila
255
Lago di Cecita
3 Cupone
Campo San Lorenzo
Ristorante Edelweiss
Moccone
1 Camigliatello Silano
107
2 I Giganti della Sila
S.69
28 km, 30 Min.
107
108
5 San Giovanni in Fiore
6 Lorica
Lago Arvo
108
Villaggio Baffa
Borgo Torre Spineto
179
Parenti
Spineto
108
Fontana dei Monaci
Villaggio Principe
Villaggio Fratta
5 km
3.11 mi
Panettieri

COSENZA

(📖 E8) **Die antike Hauptstadt des Volks der Bruttier am Zusammenfluss von Crati und Busento trumpft mit der wohl imposantesten Altstadtkulisse Kalabriens auf.**

Die 67 000 Cosentiner sind stolz auf den Ehrentitel „Athen Kalabriens". Die Universitätsstadt besitzt eine lebendige Kulturszene mit Literatencafés und dem Teatro Rendano und orientiert sich gern an Neapel. An der örtlichen Akademie lehrte der von Hegel bewunderte Philosoph Bernardino Telesio (1509–1588), sein Denkmal grüßt von der Piazza XV Marzo am Ende des Corso Telesio. Das Projekt eines seinem Schüler Tommaso Campanella gewidmeten *parco letterario (Casa delle Culture | Corso Telesio 96 | parcotommasocampanella.it)* wird mit Engagement vorangetrieben.

Schatzsuche ahoi! Erinnerst du dich noch an das Gedicht „Das Grab im Busento"von August von Platen? Der Gotenkönig Alarich starb 410 in Cosenza, von seinem Tod und legendärem Grab im Flussbett des Busento handelt es. Ob er dort, unter den „Busentowogen", jedoch tatsächlich zusammen mit unermesslichen, in Rom geraubten Schätzen bestattet liegt, konnte bis heute nicht bestätigt werden.

Wer die Altstadt von Cosenza nur während der langen Siesta durchstreift, die im Sommer bis 17 Uhr dauern kann, verpasst das Beste. Die meisten Antiquitätengeschäfte, Kunstgalerien, Bars und Buchläden, die den Corso Telesio säumen, sind dann geschlossen. Abends zieht es die Jugend zum Feiern ins historische Zentrum, das zunehmend renoviert wird, ohne deswegen die malerische Patina der abblätternden Hausfassaden anzutasten.

Cosenza, das ist aber auch die weitaus größere Neustadt, die mit der modernen Nachbarstadt Rende zusammengewachsen ist. Hier, wo die ebenfalls moderne Campusuniversität angesiedelt ist, zeigt sich ein wirtschaftlich aufblühendes Kalabrien. Boutiquen fast aller Nobelmarken sind vertreten und schicke Bars bieten ein Refugium vor dem starken Autoverkehr.

WOHIN ZUERST?

Piazza Mancini: Hier kannst du parken und dann entweder mit verschiedenen Busringlinien (blau, grün, rot, weiß und orange) die Stadt erkunden oder du nimmst direkt die Ringlinie *Circolare dei Musei,* die dich zu den wichtigsten Plätzen Cosenzas bringt. *amaco.it*

SIGHTSEEING

MUSEO ALL'APERTO

Giorgio De Chirico, Emilio Greco, Salvador Dalí, Pietro Consagra … Skulpturen dieser Künstler begleiten dich beim Shoppen auf dem Corso Mazzini, einfach so nebenbei – ist das nicht phantastisch? Zu verdanken ist das dem gebürtigen Cosentiner und Wahlamerikaner Carlo Bilotti, der seine Kunstsammlung der Stadt Cosenza stiftete.

Ein Häusermeer in Ziegelrot: Blick über die Altstadtdächer von Cosenza

CONSENTIA ITINERA

In schlanken 45 Minuten bekommst du hier – auf Englisch und Italienisch – einen faszinierenden multimedialen Überblick über die Geschichte Cosenzas: perfekt für alle, die es gern kurz und knackig mögen. *Mo–Fr 9–13 und 16–19.15, Sa 10–13 und 16.30–19.30 Uhr | Via Triglio 21 | villarendano.it*

MUSEO DEI BRETTII E DEGLI ENOTRI

Wenn du im Consentia Itinera neugierig geworden bist, dann findest du hier ca. 400 m weiter sozusagen die Beweise: archäologische Funde aus der ganzen Provinz, von der Frühgeschichte bis ins 19. Jh. – hier bekommst du noch mal alles schwarz auf weiß bzw. in Eisen, Ton, Stein etc. Nur Alarichs Schatz zählt leider nicht dazu. *Di–Fr 9–13 und 15.30–19.30 (Juni–Sept. 16.30–19.30), Sa/So 10–13 und 15.30–19.30 (Juni–Sept. 16.30–19.30) Uhr | Salita Sant'Agostino | museodeibrettiiedeglienotri.it | 1 Std.*

DOM SANTA MARIA ASSUNTA

Mitten in der Altstadt erhebt sich an einer unregelmäßigen, ansteigenden Piazza die Kathedrale, die 1222 in Anwesenheit des Stauferkaisers Friedrich II. geweiht wurde. Zisterziensische Schlichtheit des Dekors prägt Außen- und Innenraum. Ein Kunstwerk von internationalem Rang ist das gotische Grab der Isabella von Aragón links im Chorraum. Bei der Rückkehr vom Tuniskreuzzug stürzte die schwangere Gattin des französischen Königs Philipp des Kühnen 1271 tödlich vom Pferd. Französische Künstler schufen ihr Bildnis in eleganter Hoftracht.

CASTELLO SVEVO ★

Sarazenen, Normannen, Staufer, Anjou, Aragonesen … wer behält denn da bitte den Überblick? Alle zusam-

Shoppingboulevard und Freiluft-Museumsmeile Corso Mazzini: Skulptur von Sacha Sosno

men (bzw. nacheinander natürlich) haben an der Festung auf dem Colle Pancrazio gebaut, die durch zahlreiche schwere Erdbeben beschädigt wurde. Heute ist die Anlage, auf der Heinrich VII. gefangen saß, restauriert und öffentlich zugänglich. Toller Blick über die Altstadt! *Sept.–Juni Di–So 9.30–18, Juli/Aug. 9.30 (So 10)–13 und 16–20 Uhr | castellocosenza.it | ⏲ 1 Std.*

ESSEN & TRINKEN

GRAN CAFFÈ RENZELLI

Das Café im Libertystil ist ein Ort literarischer und musikalischer Begegnungen. Köstliche *dolci* und *caffè viennese* mit Domblick. Zu empfehlen ist auch der coole Ableger am Rand der Neustadt *(tgl. | Corso Umberto I 1). So geschl. | Corso Telesio 46 | renzelli.com*

CALABRIA BELLA

Altbewährte Adresse mit ebenso bewährter Kochkunst im Herzen der Altstadt. Hier erfreust du nicht nur deinen Gaumen, sondern auch deine Augen: Sitzplätze auf der Piazza mit Blick auf den Dom oder im historischen Gemäuer. *Tgl. | Piazza Duomo 20 | Tel. 09 84 79 35 31 | ristorantecalabriabella.it | €€*

GELATERIA ZORRO

Seit 1932 am Platz. Für ein solch köstliches Eis lässt man auch gern mal ein Essen ausfallen. *Tgl. | Piazza dei Valdesi*

ANTICA ROSTICCERIA POLPETTERIA SASÀ

Cosentinisches Fast Food: In dritter Generation werden hier am Beginn des Corso Telesio frittierte Fleisch-, Auberginen- und Schwertfischbällchen serviert. Dazu gibts Bier oder die ▶ Mokkalimonade *gassosa al caffè* mit dem Namen Brasilena – Kalabriens Antwort auf Coca-Cola. *So geschl. | Piazza dei Valdesi 214 | Tel. 0984 75873 | €*

FERROCINTO

Zeitgemäße *cucina calabrese* im Stadtteil Rende. Mittags leichte Küche, abends raffinierte Kleinigkeiten zum Wein. Lokale Zutaten, meist aus Bioproduktion. Das Küchenteam wurde von Biagio Lecce, Sohn des Chefs der viel gelobten Tavernetta in Camigliatello, geschult. *So geschl. | Via Alfieri 58 | Tel. 329 7475443 | €€–€€€*

SHOPPEN

Der von Bars und Cafés, Boutiquen und Geschäften aller Art gesäumte *Corso Mazzini* in der Neustadt ist Fußgängerzone. Das Museo all'Aperto macht die Shoppingtour zum Open-Air-Kunstgenuss.

AUSGEHEN & FEIERN

Auf der Piazza Duomo und im Stadtpark Villa Comunale treffen sich die *ragazzi*. Beliebte Altstadttreffs sind das *El Mojito (tgl. | Piazza dei Valdesi 5 | Facebook)*, wo zu Salsa und Merengue kubanische Cocktails serviert werden, und der *James Joyce Irish Pub (Mo geschl. | Via Cafarone 19)*. Im klassizistischen Stadttheater *Teatro Alfonso Rendano (Piazza XV Marzo | Tel. 0984 813227 | cultura.cosenza.it)* werden Opern und Schauspiele aufgeführt.

Im Unistadtteil Rende zählen das *Cavò (Mo geschl. | Via Galliano 6 | Facebook)* und das *Mary Jane Pub House (Mo geschl. | Via Fratelli Bandiera 98 | Facebook)* zu den Inplätzen. Gechillt Burger oder Pizza essen und dich dabei einmal um die Welt trinken kannst du im *L'Accademia (tgl. | Via Rossini 303 | laccademiabeershop.it)*. Aber bitte nicht alle Biere an einem Abend durchprobieren, dafür ist die Auswahl zu groß!

PARCO NAZIONALE DELLA SILA

(📖 F–G 8–9) **Die Sila ist ein Hochplateau, dessen höchster Gipfel mit 1928 m der Monte Botte Donato ist. Aus Cosenza führt die SS 107 in einer guten halben Stunde in den ▶ Nationalpark.**

Der fast skandinavisch anmutende Reichtum der Natur begeistert vor allem Süditaliener. Aus dem einst unwegsamen Rückzugsgebiet für Köhler und Banditen ist durch jahrhundertelangen Holzeinschlag und den Bau von Stauseen und Skiliften im 20. Jh. längst ein beliebtes Naherholungsgebiet geworden, das zum Sport, zum Wandern und zum Picknicken einlädt. Getrocknete und eingelegte Pilze gibt es in allen Silaorten, teilweise auch an Straßenständen. Wer selber sammeln möchte, sollte in jedem Fall ein echter Kenner sein, denn in der Sila gibt es

3000 verschiedene Arten, die teils sehr ähnlich aussehen, sich aber stark unterscheiden – da kann es schnell um Leben und Tod gehen. Auch die mit dem IGP-Siegel (geschützte geografische Angabe) versehene Kartoffel *patata della Sila* wächst und gedeiht in diesen Gefilden sehr gut. Sie wird auf 1200 m angebaut, hat einen hohen Stärkegehalt und ist sehr aromatisch.

ZIELE IN DER SILA

1 CAMIGLIATELLO SILANO

Die ehemalige Holzfällersiedlung auf 1272 m Höhe ist heute beliebt bei Wintersportlern und Sommerfrischlern. Werbeprospekte schwärmen von der „Schweiz Italiens" und in der Tat erinnern die Holzchalets in Camigliatello (1000 Ew.) an die Alpen. Als Ferienort nur mäßig charmant, bieten sich hier gute Einkaufsmöglichkeiten für Pilzdelikatessen und handgewebte Stoffe. Zur Einkehr empfiehlt sich das hervorragende ★ *Ristorante Edelweiss (tgl. | Viale Stazione 15 | Tel. 09 84 57 80 44 | hotelaquilaedelweiss.com | €€€),* dessen Küche schon seit Jahrzehnten mit gleichbleibend hohem Niveau und einem ebenso respektvollen wie kreativen Umgang mit den besten lokalen Produkten überzeugt.

Ganz in der Nähe befindet sich der Bahnhof der Ferrovie della Calabria. Wunder dich nicht, wenn du es schnaufen und pfeifen hörst, das ist der *Treno della Sila (Verkehrstage s. Website | trenodellasila.it),* eine alte Dampflok, mit der du unbedingt mal durch den Nationalpark rattern und die Sila genießen solltest. Ganz besonders eindrucksvoll ist es im Winter, wenn die Landschaft schneebedeckt ist.

INSIDER-TIPP
Süditalienisches Winterwunderland

Auf die Spuren des Reiseschriftstellers Norman Douglas bringt dich der *Parco Old Calabria (Juli Fr–So, Aug. tgl., Sept. Sa/So 10–14 und 15.30–18.30 Uhr | oldcalabria.org)* 2 km östlich von Camigliatello. Der Palazzo verfügt über eine gut sortierte Bibliothek und eine sehenswerte Fotoausstellung. Der ehemalige Kuhstall beherbergt das multimediale Emigrationsmuseum *La Nave della Sila (Juli und Sept. Sa/So 10–13.30 und 15.30–18, Aug. tgl. 10–13.30 und 15.30–19.30 Uhr | lanavedellasila.it | 45 Min.).* Während du über das

Unterwegs in der Sila Grande: ein Hirte mit seiner Ziegenherde

Deck eines Ozeandampfers spazierst, begleiten dich Auswanderergeschichten. Enge und Lärm im Unterdeck der dritten Klasse lassen sich in einem der „Schornsteine" erleben. Die Kooperative *Altipiani (Via Roma 89 | Tel. 09 84 57 87 66 | Facebook)* verleiht Mountainbikes und Wintersportausrüstung und organisiert Touren.

Bei *Silafunghi (Via Roma 38)* kannst du dich mit Spezialitäten aus der Sila eindecken und gleich vor Ort ein paar leckere Happen essen. Die Auswahl ist gigantisch! Allein der höhlengereifte Pecorino mit seinem cremigen Inneren bringt dich zum Schweben, doch auch die anderen Käsesorten mit Pistazien, Heu, *peperoncino,* Rosmarin und mehr verdienen Beachtung. *F8*

INSIDER-TIPP
Aus der Grotte auf Wolke sieben

2 I GIGANTI DELLA SILA ★

Lohnend ist der kurze Abstecher von Camigliatello – eher ein Waldspaziergang als eine Wanderung – zu diesem verzaubernden Naturdenkmal auf jeden Fall: Auf einer kleinen Anhöhe beim Ortsteil Fallistro bilden über 40 m hohe, mächtig dicke und um die 350 Jahre alte Schwarzkiefern einen Hain. *April–Okt. Di–So 10–17 Uhr, im Sommer z. T. länger | Facebook | F8*

3 CUPONE

Der Besucherpark Cupone liegt am Stausee *Lago di Cecita,* einem beliebten Ausflugsziel. Hier kannst du beim

Nein, das ist nicht Finnland!
Paddler auf dem Lago Arvo bei Lorica

Blick aufs Wasser die Seele baumeln lassen, spazieren gehen und dir ein gemütliches Plätzchen zum Picknick suchen. Für süditalienische Verhältnisse vorbildlich ausgeschildert sind hier auch die Wanderwege, die am Besucherzentrum *Centro Visita Cupone (Sommer tgl. 9–19, Winter 8–18 Uhr | SS 177 12 km nordöstlich von Camigliatello | parcosila.it)* starten. Am schönsten – außer nach der Schneeschmelze – ist die Wanderung 2/3. Eine ausführliche Beschreibung findest du im Kapitel „Erlebnistouren".
Wer fußfaul ist, bleibt einfach vor Ort und schaut sich den *geologischen Garten* oder das *Museo Naturalistico* an. Bis zu den *Tiergehegen* mit Rehen, Hirschen und Wölfen ist es auch nicht allzu weit (hin und zurück ca. zwei Stunden). Im Imbiss *Nel Cuore della Sila* kannst du dich mit Wanderkarten, Käse und kalabrischem Bauernbrot versorgen.

INSIDER-TIPP
Weiße Walnuss

Lass dir zur Stärkung oder als Erfrischung am Ende des Ausflugs eine Walnussmilch schmecken, süß und herb zugleich. *F8*

4 LONGOBUCCO

Das intakte Silastädtchen lohnt die kurvenreiche Anfahrt. Am Nordabhang der Sila gelegen, erhebt sich Longobucco (3000 Ew.) hoch über der Triontoschlucht. In der Antike wurden hier reiche Silbervorkommen ausgebeutet, das Wahrzeichen des Orts ist ein Glockenturm aus normannischer Zeit. Ein traditionelles und immer noch lebendiges Handwerk ist die Webkunst. Fasern von Ginsterbüschen und Schafwolle liefern die Rohstoffe, in der Vergangenheit auch die hier produzierte Seide. Bei *Mario Celestino (Via Monaci 14 | mariocelestino.it)* gibt es die schönsten Bettüberwürfe in mittelalterlich-byzantinischen Mustern.
Kulinarische Traditionen hält Signora Costanza in ihrer Slow-Food-Trattoria *La Campanara (Mo geschl. | Via Giuseppe Mazzini 14–16 | Tel. 0 98 37 23 16 | lacampanara.it | €)* hoch. Wer sich auf Wanderungen sicherer fühlen möchte und eine Führung bevorzugt, wendet sich am besten an den erfahrenen *Mimmo Flotta (Tel. 38 07 94 84 03 | Facebook)*. Mit ihm kannst du auch den Spuren der Basilianermönche folgen: Der *Cammino Basiliano (camminobasiliano.it)* ist ein 1040 km langer Weg vom Norden Kalabriens bis in den Süden mit 72 Etappen, die durch mitreißende Landschaften, entzückende Dörfer und die bewegte Geschichte der Region führen. *F8*

5 SAN GIOVANNI IN FIORE

Zisterzienserabt Joachim von Fiore gehörte mit seiner Endzeitlehre von den drei gottgewollten Reichen zu den einflussreichsten Theologen des Mittelalters. Das von ihm gegründete Kloster unterhalb von San Giovanni ist heute das Volkskundemuseum *Museo Demologico (Do–Di 8–14, Mo und Fr auch 15.30–18.30Uhr | Via Monastero).* Eindrucksvolle Schwarzweißfotos aus der ersten Hälfte des 20. Jhs. gewähren einen Einblick in die vergangenen Lebens- und Arbeitswelten der Sila.

Deftige Sila-Bergküche, Pizza und offenen Wein bekommst du zwei Schritte von der Abtei im *Ristoro del Brigante (Mi geschl. | Via Monastero 5 | Tel. 09 84 99 96 11 | €).* Seit Generationen ein Garant für edles Goldgeschmeide ist *Spadafora (Via Roma 3)* in der Neustadt. Touren und Outdoorexkursionen organisiert *Camminasila (Tel. 34 79 13 13 10 | camminasila.com):* Ob auf dem Pferd oder dem Fahrrad, zu Fuß, mit Schneeschuhen oder auf Skiern, die Sila kannst du auf unterschiedlichste Weise entdecken. *F9*

6 LORICA

Am Nordufer des Lago Arvo liegt Lorica, eine Ansammlung von Hotels, Restaurants, Wochenendhäusern und außerhalb der Saison ziemlich ausgestorben. Leckere deftige lokale Gerichte essen kannst du aber das ganze Jahr über im *Il Brillo Parlante (Di geschl. | Via Lungo Lago | Tel. 09 84 53 72 82 | €).* Der Nationalpark unterhält hier ein Besucher- und Informationszentrum *(Mo–Fr 10–12, Mo und Mi auch 15–17 Uhr | Via Nazionale | Tel. 09 84 53 71 09 | parcosila.it).* Wanderwege und MTB-Routen führen um den See und auf die umgebenden Berge, z. B. den *Monte Botte Donato.* An klaren Tagen reicht die Sicht bis zur Insel Stromboli. *F9*

Decken, Bett- und Tischwäsche: In Longobucco wird heute noch gewebt, was die Wolle hergibt

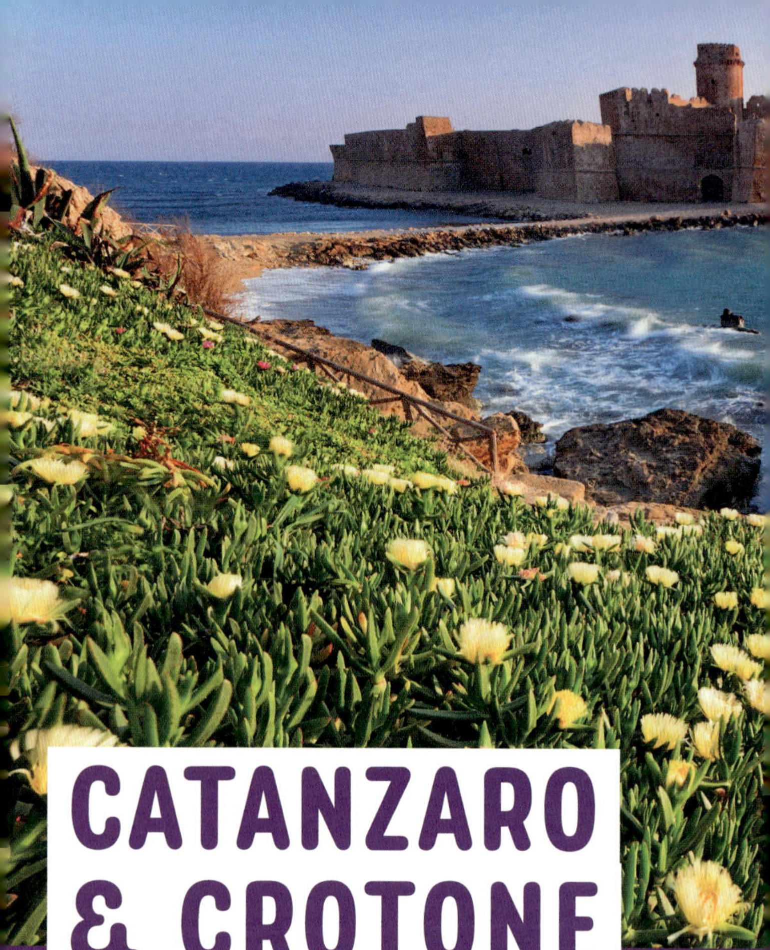

CATANZARO & CROTONE

TRAUMSTRÄNDE, TRADITION UND GESCHICHTE

Spektakuläre Bauten und eine dorische Säule: In der Mitte Kalabriens trifft moderne Architektur auf Überreste aus der Antike. Kostbare Seide hat Catanzaro einst reich gemacht. Heute bestimmen auf den ersten Blick die Verwaltung, die Universität und das Baugewerbe die Hauptstadt der Region. Bei einem Bummel durch die kontrastreiche Altstadt mit ihren teils verfallenden, teils prächtigen Altbauten erliegt man jedoch leicht ihrem Charme.

Die Burg in Le Castella erhebt sich spektakulär auf einem Felsen aus dem Ionischen Meer

Der hellenischen Antike nah bist du bei der Säule des Heratempels am Capo Colonna. Hier beginnt die schönste Küste des Ionischen Meers mit der Riserva Marina di Capo Rizzuto, die wahre Traumstrände und eine faszinierende Unterwasserwelt vorzuweisen hat. Das Wahrzeichen des Küstenstädtchens Le Castella ist eine imposante Burg im Meer. Noch fast ein Geheimtipp sind die Bergstädtchen im Hinterland des Marchesato, z. B. das von Olivenhainen umgebene Santa Severina.

CATANZARO & CROTONE

MARCO POLO HIGHLIGHTS

★ **TEATRO POLITEAMA**
Eine Augenweide für Architekturliebhaber: Catanzaros modernes Opernhaus ➤ S. 79

★ **TAVERNA**
Ölmalerei von Weltrang in der Sila Piccola ➤ S. 80

★ **CAPO COLONNA**
Eine einsame Griechensäule auf der Landspitze als Zeugnis der hellenischen Antike ➤ S. 83

★ **CASTELLO ARAGONESE**
Malerische Piratenburg auf dem Felsen in Le Castella ➤ S. 84

Bocchigliero
Campana
Crucoli
11 Cirò
Cirò Marina
Umbriatico
Pino Grande
Savelli
Pallagorio
Verzino
Carfizzi
Melissa
Torre Melissa
San Nicola dell'Alto
Strongoli
Zinga
115 km, 2 Std.
Cerenzia
Caccuri
Marina di Strongoli
Cannonieri
Santa Rania
Rocca di Neto
Altilia
Cotronei
10 Santa Severina
Roccabernarda
Pagliarelle
Cerasara
Scandale
Petilia Policastro
Case Camino
San Mauro Marchesato
Mesoraca
Crotone
S. 82
70 km, 1 Std. 20 Min.
Petronà
Cutro
Capo Colonna
8
Marcedusa
Cerva
Belcastro
Sant'Anna
80 km, 1 ½ Std.
Valtur
Cropani
Isola di Capo Rizzuto
Spiaggia Le Cannella
Magliacane
Steccato di Cutro
Botricello
Praialonga
Sant'Antonio
9 Le Castella
Castello Aragonese
Sellia Marina
50 km, 1 Std.
MARE IONIO
Golfo di Squillace
100 km, 1 ¾ Std.
5 km
3.11 mi

Paolo Portoghesi konzipierte den Bau des Teatro Politeama auf dem Grundriss einer Leier

CATANZARO

(▯ F10) **Erst 1970 hat Catanzaro (88 000 Ew.) Reggio als Hauptstadt Kalabriens abgelöst. Hektische Bautätigkeit war die Folge.**
Heute wuchert die Stadt von dem auf einem Felsplateau in 340 m Höhe gedrängten *centro storico* bis zur Küste.

WOHIN ZUERST?

Hunderte Brücken, Einbahnstraßen, Verkehrschaos ... Willst du dir das wirklich antun? Park lieber außerhalb an der östlichen Stadtumfahrung an der Piè Sala im Tal, fahr mit der *funicolare,* der Standseilbahn *(Mo–Sa 7–21 Uhr | amcspa.it),* zur **Piazza Roma** und spazier dann gemütlich über den Corso Mazzini.

Brücken verbinden die von tief eingeschnittenen Flusstälern eingefasste Altstadt mit den neueren Vierteln – der *Ponte Bisantis* galt lange Jahre als einer der größten Brückenbogen Europas.
Die verheerenden Erdbeben 1638 und 1783 haben nur wenig vom alten Catanzaro, das einst die Metropole der Seidenweberei war, übrig gelassen. Ein erneuter Aufschwung setzte ab 1870 in Folge der Italienischen Reichseinigung ein. Auf dem Corso Mazzini zu flanieren gleicht einer Zeitreise ins Fin de Siècle. Teils ramponiert, teils restauriert, zeigen die Palazzi gründerzeitliche Fassaden. Moderne Akzente setzen das neue Opernhaus und das MARCA, ein Kunstmuseum der Gegenwart. Beliebte Treffs sind die ⚑ *putiche,* kleine Osterien, in denen *morzeddhu* (geschmorte Kalbsinnereien) zum Wein serviert werden.

SIGHTSEEING

STADTPARK VILLA TRIESTE

Kurzsichtig oder weitsichtig? Mach den Test! Der Blick vom Stadtpark *(Via Tripoli 36)* auf Teile Catanzaros und in die Ferne bis zur Sila Piccola ist atemraubend. Im *Museo Archeologico Numismatico MARCH (Di–So 10–13 Uhr | catanzarodascoprire.it)* im Park musst du (vielleicht?) stattdessen die Lupe in die Hand nehmen, um die vielen in der Provinz gefundenen Münzen zu untersuchen. Mal eine etwas andere Art, die Geschichte zu entdecken (bzw. deine Augen zu testen).

TEATRO POLITEAMA ★

Die seit 1830 bestehende Theatertradition Catanzaros lebt seit der Eröffnung 2002 in diesem von Paolo Portoghesi entworfenen Bauwerk weiter. Portoghesi – ein führender Vertreter der postmodernen Architektur – hat durch verschiedene Dekoelemente wie Seesterne und Wellen ein maritim anmutendes Ensemble mit dem Grundriss einer Leier geschaffen. *Via Jannoni | politeamacatanzaro.net*

MARCA – MUSEO DELLE ARTI CATANZARO

Neues Leben in altem Palazzo: Das MARCA öffnet den Blick auf die moderne Kunst Kalabriens. Sehenswert ist das Œuvre des einheimischen Pop-Art-Künstlers Mimmo Rotella (1918–2006). Daneben sind Werke kalabrischer Meister vom 17. bis zum 20. Jh. ausgestellt. *Di–So 9.30–13 und 15.30–20 (Juni–Okt. 16.30–21) Uhr | Via Alessandro Turco 63 | museomarca.info | 1 Std.*

PARCO DELLA BIODIVERSITÀ MEDITERRANEA

Der außergewöhnliche Park bietet neben einem großartigen Belvedere einen botanischen Garten, ein Heckenlabyrinth, zahlreiche Spielplätze zum Toben für die kleineren und Skatebahnen für die größeren sowie sehenswerte zeitgenössische Skulpturen. Wieder zu Kräften kommt man in der *Bar-Pizzeria del Parco. Via Scuola Agraria | parco.provincia.catanzaro.it*

ESSEN & TRINKEN

LANZO CAFFÈ

INSIDER-TIPP
Schaumiger Muntermacher

Kein Eiskaffee und trotzdem kalt, spritzig, erfrischend, Kaffee? Die *spuma di caffè!* Unbedingt probieren – die gibts nur hier! *Tgl. | Corso Giuseppe Mazzini 191*

PIZZERIA ARTIGIANA

Die leckersten Pizzen der Stadt, belegt mit allerlei lokalen Produkten. *So geschl. | Via Santa Barbara 30 | Tel. 09 61 72 11 51 | €–€€*

LOCANDA C'ERA UNA VOLTA

Ganz typisch für Catanzaro ist der *morzeddhu:* geschmorte Kalbsinnereien im Ringbrot; und wer statt Fleisch lieber Fisch mag, für den gibt es auch die Variante mit *baccalà* (Stockfisch). Trau dich: Du wirst dir die Finger lecken! *So geschl. | Vicolo Agricoltori 34 | Tel. 34 83 33 66 98 | €€*

AUSGEHEN & FEIERN

Angesagte Treffs im *centro storico* sind das *Rizzi's (Via di Santa Maria del Mez-*

zogiorno 11) und der *Mallard Pub (Via XX Settembre 85–87)*. Mit Cocktails, House und Liveacts lockt das *Fazzari's 18 Caffè (Salita Corso Mazzini 18/20 | Facebook)*. Im Sommer verlagert sich das Nachtleben aus der Stadt ans Meer. Aktuelle Tipps, Adressen und Termine finden sich auf der Website *tuttoqui.it/catanzaro*.

RUND UM CATANZARO

1 LAMEZIA TERME

35 km westlich von Catanzaro/35 Min. über die SS 280

Die meisten Reisenden erreichen Kalabrien über den Flughafen von Lamezia. Die ausgedehnte Streusiedlung (70 000 Ew.), 1968 aus der Zusammenlegung dreier Städte entstanden, gilt nicht als Touristenziel. Dabei hat sich im alten Ortsteil San Teodoro von Nicastro ein lebendiges Ausgehviertel entwickelt. Zudem laden ein paar Kilometer westlich die heißen Schwefelwässer der *Terme Caronte (termecaronte.it)* ein.

INSIDER-TIPP
Quelle der Entspannung

Schau unbedingt beim wildromantischen Quellteich *Gurna di Caronte* unterhalb der offiziellen Termen vorbei – rund um die Uhr und gratis. *E10*

2 TIRIOLO

20 km nordwestlich von Catanzaro/30 Min. über die SS 280 und SS 19

Auf traditionellen Webstühlen entstehen in dem 3700-Ew.-Städtchen bei *Tessilart (Vico Cigala 11)* wunderschöne *vancali:* breite Schals (ab ca. 80 Euro), die nur darauf warten dich vor Wind und Kälte zu schützen.

INSIDER-TIPP
Gewebte Halswärmer

Essen kannst du im *Due Mari (im Winter Mo geschl. | Via Seggio 2 | Tel. 0961 99 10 64 | duemari.com | €€€)*. Das rustikale Terrassenristorante punktet mit seinem Zwei-Meeres-Blick und teuflisch guten Brathähnchen. *F10*

3 PARCO AVVENTURA ALBEROLANDIA

30 km nördlich von Catanzaro/45 Min. über die SS 109 und SP 26

Wie Tarzan durch die Lüfte schwingen, Reifenrutschen, Bogenschießen, Spielplatz … Der Outdoorpark nördlich von Sorbo San Basile macht Spaß und kitzelt die Nerven. Einmal frische Waldluft gibts in der Picknickecke. *Mitte April–Mitte Okt. tgl. 9.30–19 Uhr | Contrada Granaro | Facebook | F10*

4 TAVERNA ★

25 km nördlich von Catanzaro/40 Min. über die SP 25, SP 24 und SS 109

Wer Mattia Preti noch nicht (gut) kennt, holt dies in der Kleinstadt (2500 Ew.) an den südlichen Abhängen der Sila Piccola nach. Hier kam der Ordensritter und barocke Freskenmaler 1613 zur Welt, hier werden seine Werke präsentiert: in der Kirche San Domenico und im *Museo Civico (Di–So 9.30–12.30 und 16–18, Sommer bis 19 Uhr | Palazzo San Domenico | comune.taverna.cz.it | 1 Std.)*. Wer von Bildern dann genug hat, schlendert durch das hübsche Örtchen und genießt den leichten Trubel

Römische Ruinen, verstreut in einem Olivenhain: der Archäologiepark Scolacium

und in der Via della Poesia das eine oder andere Gedicht – die sind dort nämlich auf Keramik an den Häusern angebracht. *F9–10*

5 SAN FLORO

20 km südwestlich von Catanzaro/ 25 Min. über die SS 280 und SP 46

Ein kleiner Ort (700 Ew.), ganz groß: Abgesehen vom tollen Panoramablick zur Küste darfst du dir hier zwei Dinge nicht entgehen lassen: Beim Seidenmuseum *Nido di Seta (nur nach Anmeldung unter Tel. 32 08 96 86 63 | Via Regina Elena 7 | nidodiseta.com)* lernst du, wie traditionell Seide hergestellt wird – alles ganz natürlich, auch die Farben! Und bei *Mulinum (Mo geschl. | Contrada Torre del Duca | Tel. 09 61 29 18 82 | mulinum.it | €€€)* wird Urgetreide in einer restaurierten Steinmühle gemahlen – so bleiben wertvolle Inhaltsstoffe erhalten. Überzeug dich mit einer Pizza von der Qualität (vorab reservieren)! *F10*

6 PARCO ARCHEOLOGICO DI SCOLACIUM

15 km südlich von Catanzaro/25 Min. über die SS 19 bis und SS 19 quater

An der SS 106 liegen in einem Olivenhain bei Lido di Squillace die Ruinen einer riesigen Basilika und die Reste des römischen Scolacium. Dem Mythos nach war Odysseus der Gründer der Stadt. Als sicher gilt, dass sie durch den Sklavenführer Spartacus 72 oder 71 v. Chr. zerstört und anschließend prachtvoll wieder aufgebaut wurde. Im Sommer finden hier Konzerte des Festivals *Armonie d'Arte (armoniedarte.com)* statt. *Tgl. 9 Uhr–1 Std. vor Sonnenuntergang | 1½ Std. | F10*

7 SQUILLACE

25 km südlich von Catanzaro/25 Min. über die SP 48 und SS 106

Erbe des antiken Skylletion (Scolacium), ist der Bischofssitz Squillace (3600 Ew.) einer jener Orte, die im Mittelalter von der Küste in sichere

Berglage verlegt wurden. Vom *Castello Normanno (aktuelle Zeiten s. Facebook)* aus bietet sich ein prächtiger Fernblick auf den Golf von Squillace. In den Töpfereien im Ort – z. B. *Ideart (tgl. | Via Florestano Pepe 7)* – kannst du stöbern und kunstvolle traditionelle Keramik kaufen – von Hand und vor allem mit Liebe gemacht. Die freundliche Altstadttrattoria *Porta Giudaica (Mo geschl. | Via Porta Giudaica 8 | Tel. 09 61 91 25 00 | €€)* serviert hausgemachte Pasta, Pilze aus den Serre und frischen Fisch.

Beliebt sind die Sandstrände von *Copanello* und *Caminia* bis zum *Lido Pietragrande* an der Punta di Stalettì. Hinter und zwischen den Felsen lassen sich im glasklaren Wasser mit etwas Glück Fische beobachten. Am Strand von Caminia liegt das Terrassenlokal *Cabaña (im Winter Mo–Do geschl. | Via del Mare 4 | Tel. 09 61 91 10 93 | lacabana.it | €€)* – hier genießt du exzellente Fischküche (abends auch Holzofenpizza) mit Blick aufs Meer. Tagsüber Restaurant und Strandbad mit Barbetrieb, verwandelt sich *La Scogliera (Juni–Mitte Sept. | Lido di Pietragrande | Facebook)* nachts in eine Freiluftdisco. *🕮 F10–11*

CROTONE

(🕮 H9) **Die uralte Industrie- und Hafenstadt (64 000 Ew.), 708 v. Chr. von Griechen gegründet, ist zu neuem Selbstbewusstsein erwacht.**

Spanische Hafenbollwerke und Neubauten der Industrialisierung haben vom antiken Kroton wenig übrig gelassen. Im lebendigen, restaurierten *centro storico* pulsiert italienisches Leben.

Vitales, modernes Leben in einer uralten Stadt: Straßenmarkt in Crotone

SIGHTSEEING

CASTELLO CARLO V

1541 auf der griechischen Akropolis errichteter Wehrbau, in den viele Reste antiker Vorgängerbauten vermauert wurden.

DUOMO DELL'ASSUNTA

Aus Alt mach Neu – nach diesem Motto wurde im 16. Jh. auch beim Neubau des Doms antikes Material verwendet. Unbedingt anschauen: die byzantinische Madonna Nera – ihr ist das wichtigste Fest Crotones gewidmet. Nach dem Küssen und einigem lokalen Herumtragen wird die „Schwarze Muttergottes" am dritten Maisamstag zu Fuß (immerhin 15 km!) zum Capo Colonna hin und am nächsten Tag per Boot wieder zurückgebracht.

ESSEN & TRINKEN

BAR MOKA

Seit 1931 am Platz! Verführerische Auswahl an süßem und salzigem Gebäck. *Tgl. | Via Regina Margherita 32*

LA PIGNATA

Nettes Altstadtambiente. Kenner kommen wegen der exquisiten, von Slow Food gelobten Fischküche. Reservieren! *So geschl. | Vico Orfeo 8 | Tel. 0962229 84 | €€€*

STRÄNDE

Der kilometerlange, breite Sandstrand zwischen Crotone und Capo Colonna ist gesäumt von Badeanstalten mit Liegestuhl- und Sonnenschirmverleih.

AUSGEHEN & FEIERN

Man trifft sich an der *Uferpromenade*, z. B. im *Bounty Pub (Di geschl. | Traversa V Messina | Tel. 3791350941 | Facebook)*. Jeden Donnerstag gibts hier Livemusik (unbedingt vorher reservieren!). Im Sommer ist im *Stadtpark* immer was los, von Open-Air-Kinovorstellungen über Sportveranstaltungen bis zu Musikfestivals im August.

RUND UM CROTONE

8 CAPO COLONNA ★

12 km südöstlich von Crotone/25 Min. über die SP 49

48 waren es mal und bei starkem Wind kommt auch die letzte „Überlebende" leicht ins Wanken: Nur noch eine Säule des einstigen Prachttempels der Göttin Hera steht nun einsam und verlassen am „Säulenkap". Versäum auf keinen Fall, vorher im Museum deiner Vorstellungskraft auf die Sprünge zu helfen, damit du dich auch wirklich in die damalige Zeit versetzt fühlst und den Tempel vor dem geistigen Auge siehst. Die herrliche Aussicht vom Kap ist ebenfalls erhalten geblieben. *Tgl. 9–13 und 15–19 Uhr | 1½ Std. | H9–10*

9 LE CASTELLA

30 km südich von Crotone/35 Min. über die SS 106

Eine Burg aus salzzerfressenem Sandstein im blauen Meer, ein paar moder-

Das Land, wo die Orangen blühn: Orangenbaum bei Santa Severina

ne Ferienhäuser, gute Fischrestaurants und ein Piratendenkmal: Das ist Le Castella (1100 Ew.). Im Juli und August ein Touristenort, bleibt Le Castella, Ortsteil von Isola di Capo Rizzuto, den Rest des Jahres ein beschauliches Fischerstädtchen.

Das ★ *Castello Aragonese (April–Sept. Mo und Mi–Fr 14.15–19.15, Sa/So 8.15–19.15, Okt.–März Fr–So 8–14 Uhr | 1 Std.),* im 16. Jh. zum Schutz vor Piratenangriffen erbaut (Ausgrabungen belegen jedoch schon eine antike Dockanlage), scheint mitten aus dem Meer emporzuwachsen. Tatsächlich erhebt sie sich auf einem Sandsteinfelsen vor der Küste – bei stürmischer See erreichst du sie nur nassen Fußes. Für den *Turm* gilt: einmal Luft anhalten, Bauch einziehen und die enge Wendeltreppe hochkraxeln. Der Ausblick entschädigt für alles – und der Eintritt ist frei!

Im Westen von Le Castella erstreckt sich ein Sandstrand mit Traumblick auf die Burg. Die tollen Buchten zwischen Le Castella und Capo Colonna sind nur mit dem Auto bzw. vom Meer zu erreichen, z. B. die *Spiaggia Le Cannella:* Ihr zimtfarbener Sand ist nicht nur ein echter Hingucker, sondern lädt auch zum Hinlegen ein. Die Riserva Marina di Capo Rizzuto ist ein Dorado für alle Wasserratten und Schnorchler. Die Segelschule *Ostro* offeriert Yachtcharter, Segeltouren und *Bootsausflüge (April–Okt. tgl. 9–17 Uhr | Tel. 33 57 72 92 36 | ostro.it)* in den Meerespark von Capo Rizzuto, auch mit einem Glasbodenboot: So lässt sich die Unterwasserwelt im Trockenen beobachten. Anmeldung obligatorisch!

Aus dem Meer auf den Teller: Im *Da Mimmo (außer Juni–Okt. Mi geschl. | Via del Porto 4 | Tel. 32 48 34 44 16 | Facebook | €€)* leckt man sich die Lippen und genießt mit Blick auf den Hafen seine Köstlichkeiten. Frag doch mal, wann du mit hinaus aufs Meer fahren kannst. Aber Achtung, Ausdauer ist gefragt: Das wird ein langer Tag! *H10*

10 SANTA SEVERINA

30 km westlich von Crotone/35 Min. über die SS 107

Umgeben von Oliven- und Orangenhainen, erhebt sich das hübscheste Städtchen (2000 Ew.) des Marchesato – so heißt das Hinterland von Crotone –, auf einer Bergkuppe. Von der ursprünglichen byzantinisch-normannischen Kirche *Sant'Anastasia* aus dem 13. Jh. ist nur das zentrale Portal übrig – der Rest wurde im Lauf der Jahrhunderte mehrfach verändert. Viel interessanter ist aber ohnehin die angrenzende Taufkapelle, das *Battistero:* eine umgewidmete byzantinische Kuppelkirche des 8. Jhs. mit antiken Säulen. Wer ganz genau hinschaut, entdeckt im nordöstlichen Flügel sogar noch die Reste einiger byzantinischer Fresken. Das *Castello (Ostern–Sept. tgl. 10–13 und 15.30–19, Okt.–Ostern 9.30–12.30 und 15–18 Uhr | 45 Min.)* ist eine richtige Trutzburg: ein mächtiger Hauptturm nach bester normannischer Art, vier staufische Rundtürme und das Ganze dekoriert mit Zinnen aus der Zeit der Anjou und Bastionen aus dem 16. Jh. Ein Restaurant mit Aussichtsterrasse am Fuß des Kastells ist die *Locanda del Re (tgl. | Discesa Paolo Orsi 6 | Tel. 0 96 25 17 81 | €€)* mit mittelalterlich inspirierter Küche und abends auch Pizza. *G9*

11 CIRÒ

40 km nördlich von Crotone/45 Min. über die SS 106

Kalabriens berühmtestes Weingebiet! Kellereien wie *Librandi (librandi.it)* oder *Caparra & Siciliani (caparraesiciliani.it)* knüpfen erfolgreich an die schon in der Antike begründete Weinbautradition an. Beste Auswahl lokaler Weine nebst prima Fischküche bietet die *Max Trattoria-Enoteca (Mo geschl. | Via Pola | Tel. 09 62 37 30 09 | trattoriamax.it | €€–€€€)* in *Cirò Marina*. *H8*

SCHÖNER SCHLAFEN UM CATANZARO & CROTONE

STILL, STILL, STILL …

In den sechs Apartments des absolut ruhig gelegenen *Agriturismo Arcobaleno (Ortsteil Piano di Porro | Tel. 33 85 88 12 40 | agriturismoarcobaleno.it | €)* in *Girifalco* unweit von Squillace genießt du schweizerisch-kalabrische Gastfreundschaft, von Slow Food prämiertes Olivenöl und Biohonig.

WEINTRÄUMEREI

Das inmitten der Weinhügel bei *Cirò Marina* gelegene B & B *'A Vita (2 Zi. | SS 106 km 279,8 | Tel. 32 90 73 24 73 | avitavini.it | €)* von Weinbauer Francesco De Franco ist eine einladende Übernachtungsadresse. Außerdem bekommst du hier seine hoch gelobten Bioweine zu fairen Ab-Hof-Preisen.

TROPEA & COSTA VIOLA

DER TOURISTENMAGNET SCHLECHTHIN

Traumhafte Sandstrände, spektakuläre Klippen und blitzsauberes Meer. Die nächste Großstadt ist weit, der internationale Flughafen Lamezia Terme hingegen nah. Diese Kombination hat Tropea an der Costa degli Dei, der „Götterküste", zu einem Magneten sonnenhungriger Pauschalurlauber gemacht.

Hier finden Urlaubsgäste eine ausgezeichnete touristische Infrastruktur, vom Campingplatz bis zum Luxushotel, vom Handwerksladen bis zur schicken Strandmodeboutique, vom Beachvolleyball bis zum Segel-

Ein zauberhaftes Plätzchen (mit entsprechendem Zustrom): die Spiaggia di Grotticelle

törn. Der Reiz Tropeas liegt auch in den vielfältigen Ausflugsmöglichkeiten, sei es mit dem Fischerboot zu den Felsstränden des Capo Vaticano oder mit dem MTB, der Leihvespa oder dem Mietwagen ins bäuerliche Hinterland. Zudem lohnt die Fahrt zu den hübschesten Hafenstädtchen der Region: nach Pizzo mit seinen verführerischen Eissalons oder in die an die steile Costa Viola geklammerten Fischerorte Scilla und Bagnara Calabra, von denen man mit Glück beim violetten Sonnenuntergang den Schwertfischjägern zuschauen kann.

TROPEA & COSTA VIOLA

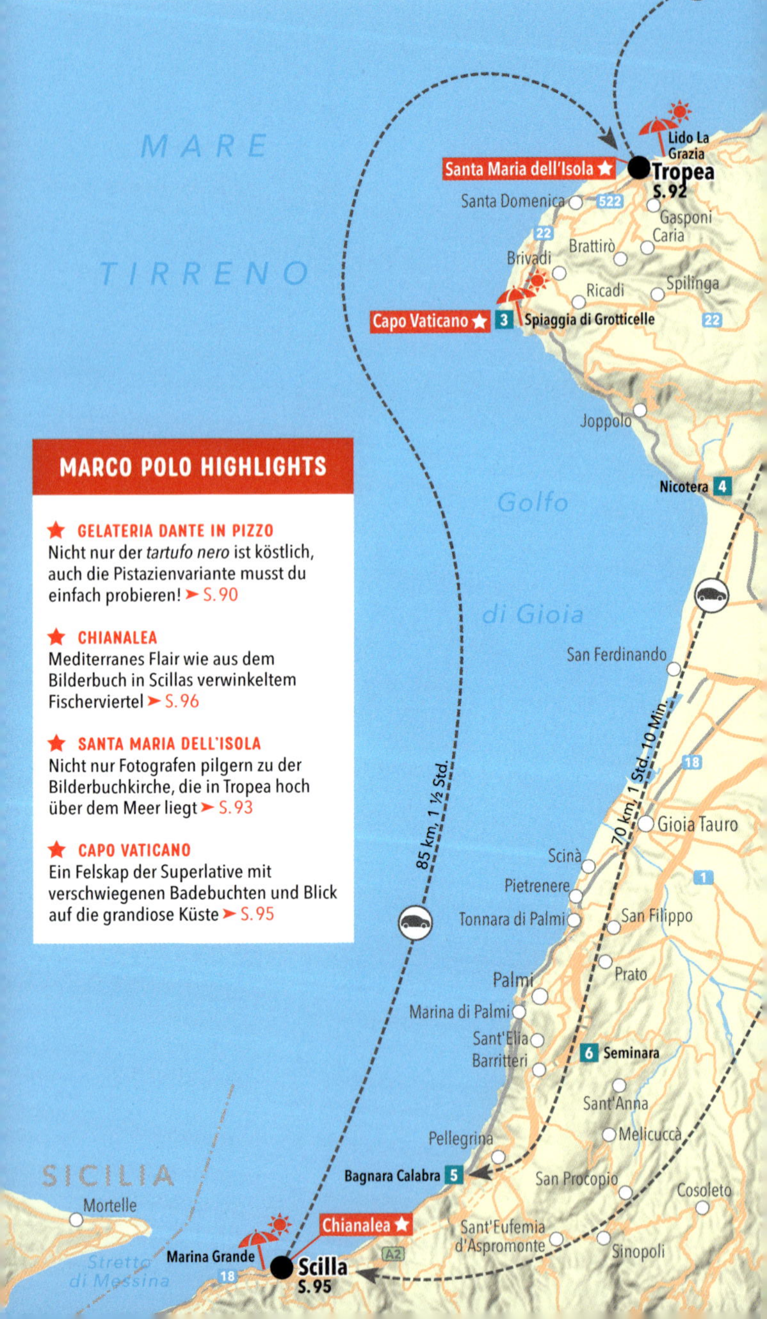

MARCO POLO HIGHLIGHTS

★ **GELATERIA DANTE IN PIZZO**
Nicht nur der *tartufo nero* ist köstlich, auch die Pistazienvariante musst du einfach probieren! ➤ S. 90

★ **CHIANALEA**
Mediterranes Flair wie aus dem Bilderbuch in Scillas verwinkeltem Fischerviertel ➤ S. 96

★ **SANTA MARIA DELL'ISOLA**
Nicht nur Fotografen pilgern zu der Bilderbuchkirche, die in Tropea hoch über dem Meer liegt ➤ S. 93

★ **CAPO VATICANO**
Ein Felskap der Superlative mit verschwiegenen Badebuchten und Blick auf die grandiose Küste ➤ S. 95

30 km, 35 Min.
Golfo di S. Eufemia
Dante
Pizzo
S. 90
2 Briatico
Vibo Marina
Bivona
Zambrone
Triparni
Sant'Onofrio
1 Vibo Valentia
Cessaniti
San Gregorio d'Ippona
Jonadi
San Costantino Calabro
Arzona
Filandari
Francica
Mileto
Rombiolo
Paravati
San Calogero
Maierato
Filogaso
Polia
Monterosso Calabro
Capistrano
San Nicola da Crissa
Vallelonga
Vazzano
Pizzoni
Sant'Angelo di Gerocarne
Simbario
Spadola
Sorianello
Gerocarne
Ciano
Serra San Bruno
Dasà
Arena
Acquaro
80 km, 1 Std.
San Pietro di Caridà
Dinami
Monsoreto
Serrata
Candidoni
Laureana di Borrello
Mongiana
Fabrizia
Plaesano
CALABRIA
Nardodipace
Feroleto della Chiesa
Galatro
Anoia
Melicucco
Maropati
Giffone
Cinquefrondi
Polistena
San Giorgio Morgeto
Grotteria
Cittanova
Taurianova
Martone
Scroforio
Canolo Nuova
Gioiosa Ionica
Terranova Sappo Minulio
Molochio
Canolo
Agnana Calabra
Marina di Gioiosa Ionica
Siderno Superiore
Villaggio Trepitò
Antonimina
Gerace
Siderno
Ciminà
5 km
3.11 mi

PIZZO

(◫ E11) **Pizzo – das bedeutet: klein, eng, alt und vor allem süß.**
Auf der zentralen Piazza della Repubblica des 9200-Ew.-Städtchens stapeln sich die Eisdielen fast schon, denn das Trüffeleis *tartufo* wurde hier erfunden. Das Rezept? Streng geheim natürlich!

SIGHTSEEING

CASTELLO MURAT ☂

Museum = Langeweile? Aber nicht doch! Die Burg hat ihren Namen von Joachim Murat, dem eitlen Schwager Napoleons und immerhin König von Neapel, der hier erschossen wurde. Ein hingerichteter König? Genau! Warum und wieso eitel, erfährst du im Museum in der Burg. *Mitte März–Juli und Sept. Mo–Fr 9–19, Sa/So 9–20, Aug. tgl. 9–24, Okt.–Mitte März Mo–Fr 9–19, Sa/So 9–13 und 15–19 Uhr | Piazza Benedetto Musolino | castellomurat.it | ⏲ 45 Min.*

CHIESA DI PIEDIGROTTA

Was das Bildnis John F. Kennedys in einer Kirche zu suchen hat, muss wohl noch geklärt werden, doch die Piedigrotta, eine Höhlenkirche im Norden des Orts, ist an sich schon absolut einen Besuch wert. Ursprünglich von Matrosen zum Dank für die Rettung aus Seenot geweiht, nahm Ende des 19. Jhs. der kalabrische Baumeister Angelo Barone den Meißel in die Hand und erschuf naive Heiligenfiguren. Seine Nachfahren erweiterten sein Werk um einige modernere Namen wie den bereits genannten oder Fidel Castro. *April–Nov. tgl. 9–13 und 15–18 (Nov. bis 17, Juli/Aug. bis 19.30), März tgl., Dez.–Feb. Sa/So 11–13 und 15–17 Uhr | chiesadipiedigrotta.it | ⏲ 30 Min.*

ESSEN & TRINKEN

GELATERIE

Die Eishochburg Kalabriens ist die Piazza della Repubblica in Pizzo. Der Grund: die Schoko-Eisbombe *tartufo!* Bei ★ *Dante (tgl., Nov.–März Do–Di 8–24 Uhr)* ist zudem die Pistazienvariante ein Muss. Erst danach darfst du nach Hause kugeln!

LA LAMPARA

Leckerer Fisch in einem romantischen Lokal in der oberen Altstadt: gute Kombi, oder? *Mi geschl. | Via Marcello Salomone 128 | Tel. 09 63 53 24 31 | Facebook | €€*

SPORT & SPASS

CALABRIA SPORT FISHING

Ob einmal die Küste hoch und runter, das Mittagessen von der Angel auf den Grill, romantische Sonnenuntergänge oder Delphine beobachten: Auf Danieles Boot ist (fast) alles möglich! *Tel. 32 83 11 58 31 | calabriasportfishing.it*

STRÄNDE

Am nördlichen Ortsrand erstreckt sich ein schöner öffentlicher Sandstrand mit Duschen. In Pizzo Marina locken Klippen und lange Sandstrände.

Ein bizarres Ensemble: Heiligenfiguren aus Tuffstein in der Chiesa di Piedigrotta

RUND UM PIZZO

1 VIBO VALENTIA

10 km südwestlich von Pizzo/15 Min. über die SS 18

In der quirligen Provinzhauptstadt (33 000 Ew.) erwartet dich eine hübsche Altstadt. Ein Spaziergang zum normannisch-staufischen Kastell, heute *Museo Archeologico Statale Vito Capialbi (Di–So 10–20 Uhr)*, bringt dich vielleicht zum Schnaufen; die Exponate aus der Magna Grecia im Mix mit neueren Werken lassen dich jedoch wieder ein bisschen innehalten – und mit Glück grüßt der Ätna aus der Ferne. Wenn der Magen knurrt, mach dich auf in die urige *Trattoria Vecchi Tempi (tgl. | Traversa Via della Pace 17/19 | Tel. 32 75 96 42 21 | trattoriavecchitempi.com | €€–€€€)* – Wein und Wurst sind hier selbst gemacht! Lieber frischen Fisch? Das *Maria Rosa (Mo geschl. | Via Toscana 13 | Tel. 09 63 57 25 38 | ristorantemariarosa.it | €€–€€€)* am Hafen von *Vibo Marina* wird nicht nur von Yachtbesitzern empfohlen. *E11*

2 BRIATICO

15 km westlich von Pizzo/20 Min. über die SS 522

An einem Küstenstrich mit zauberhaft schönen Stränden liegt hier die ehemalige Thunfischfabrik *Tonnara di Sant'Irene*. Seit der Antike wird an dieser Küste Thunfisch gefangen. Aus römischer Zeit stammen Felsbecken im Meer, in denen Fische eingesalzen wurden. Beliebt ist die Sandbucht zu Füßen des verfallenen Küstenwachtturms La Rocchetta. Guten Fisch und abends auch Pizza gibt es nebenan im Terrassenrestaurant *La Perla del Golfo (im Win-*

INSIDER-TIPP **Der Geschichte zu Füßen liegen**

ter Mo geschl. | Ortsteil Marina di Briatico | Tel. 34 90 52 06 36 | laperladelgolforistorante.it | €€). *🕮 D11*

TROPEA

(🕮 D11) **Die stolze Stadt (6200 Ew.) über dem Meer hat sich seit den 1970er-Jahren zu Kalabriens Tourismusziel Nummer eins entwickelt.** Neben dem lässigen Flair der Altstadt mit ihren Adelspalazzi, Trattorien, Handwerksläden und Boutiquen verfügt der Ort über ein breites Angebot an Hotels, Pensionen und Ferienclubs. Größtes Kapital Tropeas sind gepflegte Sandstrände. Hier gibt es echt italienisches Strandleben mit gestreiften Liegestühlen, Melonenverkäufern und kecken Papagalli. Am Abend kannst du vom hoch gelegenen Tropea aus einen wundervollen Sonnenuntergang überm Meer erleben. Im Sommer werden Tagesausflüge mit dem Schnellboot zu den Äolischen Inseln angeboten. Zu ihnen zählt auch *Stromboli* mit dem gleichnamigen aktiven Vulkan. Mit etwas Glück lässt seine glühende Asche die Dunkelheit erleuchten – ein fast magisches Erlebnis!

Im Juli und August ist die Altstadt für den Autoverkehr gesperrt. In diesen Monaten sind Tropeas Strände und die abendliche Flaniermeile Corso Vittorio Emanuele, an deren Ende der berühmte Terrassenblick auf die Kirche Santa Maria dell'Isola lockt, häufig überfüllt. Dafür sorgen die vielen einheimischen Touristen für mediterranes Nachtleben.

Nach der Messe ins Meer: Santa Maria dell'Isola ist eine Kirche mit Strandanschluss

SIGHTSEEING

KATHEDRALE

Wer weiß, wie Tropea ohne die Madonna della Romania aussehen würde ... Die um 1330 gemalte Ikone schützt die Stadt vor Erdbeben und anderem Unheil. Den Beweis (und das Bild über dem Hochaltar) findest du hier in dem im normannisch-historischen Stil erneuerten Dom: zwei Fliegerbomben aus dem Zweiten Weltkrieg, die nicht explodiert sind.

SANTA MARIA DELL'ISOLA ★

Ein kleines Kirchlein, fast schon niedlich, wie es da, von Kapernsträuchern und Wolfsmilch überwuchert, auf dem Sandsteinfelsen vor Tropea thront und sich zum bekanntesten Fotomodell Kalabriens gemausert hat. Früher nur mit dem Boot erreichbar, kommt man heute trockenen Fußes hinüber. Der Garten ist wildromantisch und von oben hat man einen prima Blick u.a. auf das *centro storico. April–Juni tgl. 15–19, Juli/Aug. 9–14 und 16–21, Sept./Okt. 9–13 und 16–20 Uhr | santuariosantamariadellisolatropea.it | ⏲ 45 Min.*

ESSEN & TRINKEN

LA PENTOLA D'ORO

Sympathischer Familienbetrieb mit bodenständig-guter Fischküche. *Di geschl. | Via Pelliccia | Tel. 09 63 60 70 73 | €€*

LA LAMIA

Raffinierte Lokalküche auf stiller Piazza. *April–Okt. tgl. | Largo Vulcano | Tel. 0 96 36 12 74 | €€–€€€*

IL VECCHIO FORNO

Knusprige Pizza und gebackenes Gemüse aus dem ältesten Ofen Tropeas. *Mittags geschl. | Via Caivano | Tel. 34 02 97 40 85 | €*

LIDO TROPICAL

Antipasti, Fleisch oder Fisch, alles lecker zubereitet, dazu eine zarte Brise und ein phantastischer Ausblick aufs Meer und zum Stromboli. Ende August versinkt die Sonne genau im Kegel des Feuerbergs – ein unvergesslicher Sonnenuntergang! *Mai–Okt. tgl. | Marina del Convento | Tel. 33 93 68 35 32 | €€–€€€*

INSIDER-TIPP
Der Vulkan glüht

SHOPPEN

LA CASETTA DEL PICCANTINO ⚑

Ein bisschen versteckt – geh einfach der Nase nach! Der intensive Geruch nach bester lokaler Wurst und Käse weht einem schon entgegen und bleibt hängen wie die vielen *salumi* an der Wand. Ansonsten: *prodotti tipici* noch und nöcher. *Via Indipendenza/Vico Villari*

C'ERA UNA VOLTA ⚑

Wer keine Zeit hat, einmal quer durch Kalabrien zu fahren, findet hier eine Auswahl ausgefallener Keramik, bezaubernde Schmuckkreationen, Stoffe aus der gesamten Region – durch die Bank traditionelles Handwerk. *Corso Vittorio Emanuele 15*

SPRACHKURSE

Tutto capito? Nein? In Tropea kannst du bei Professor Pasquale Negro

Direkt unter der Altstadt erstreckt sich Tropeas Stadtstrand

(Tel. 36 63 08 56 59 | sprichmitpasquale.org) kostenlos Italienisch lernen.

SPORT & SPASS

Kein Strandfaulenzer, sondern Aktivmensch? Tauchen, schnorcheln, Boot fahren: In Tropea heißt es Langeweile, ade! Mit dem Flyboard *(seapassion.eu)* schwebst du sogar übers Meer. Wer dem Wasser festen Boden vorzieht, mietet eine Vespa oder ein Mountainbike, Anbieter finden sich genug.

STRÄNDE

Treppenwege und eine blumenüberwucherte Uferpromenade führen direkt aus der Stadt in wenigen Minuten zu den schönsten Sandstränden zu beiden Seiten des Felsens von Santa Maria dell'Isola hinab; rechts liegt der *Lido Le Roccette*. Wer ungern auf Kuschelkurs mit Fremden geht, fühlt sich am *Lido La Grazia* in *Parghelia* wohl: hinter dir hohe Felsen, der Sand fein, vor dir das kristallklare Wasser und in nicht allzu weiter Ferne sind die Umrisse Tropeas erkennbar.

AUSGEHEN & FEIERN

Eine stickige, heiße Disco macht keinen Spaß, deswegen spielt sich das Nachtleben auf offener Straße ab. Angesagte Treffpunkte sind am Corso die *Max Bar* oder an der Piazza Vittorio Veneto die *Bar Centrale*. Oder du genießt einfach eine frische Brise direkt am Meer: Im *Smaila's Blanca Beach (Mai–Okt tgl. | Via Lungomare | valentour.it)* wird getanzt, gegessen und gelacht, teils auch bei Livemusik.

RUND UM TROPEA

3 CAPO VATICANO ★

10 km südwestlich von Tropea/20 Min. über die SP 22

Ein Geheimtipp ist das Capo Vaticano mit seinen tollen Klippen und intimen Badebuchten sicher nicht, aber es bietet eine Menge. Allerdings ist die sanft ansteigende Küstenlandschaft zu beiden Seiten des Kaps zersiedelt, Campingplätze, Bungalowanlagen, Pensionen und Trattorien mit Aussicht auf die Küste pragen das Bild.

Zunächst einmal solltest du dir den grandiosen Ausblick entlang der Küste bis nach Sizilien und zu den Äolischen Inseln am Belvedere auf keinen Fall entgehen lassen. Wenn im Sommer die *Spiaggia di Grotticelle* bei Santa Maria, einer der schönsten Strände Kalabriens, aus allen Nähten platzt, miete dir einfach ein Tretboot und genieß die Küste und die kleinen Buchten vom türkis schillernden Wasser aus. Fast vollends entgehen kannst du dem Trubel in kleineren Bergorten wie *Coccorino* oder *Spilinga* (Heimat der höllenscharfen *'nduja*-Wurst).

Wer Lust hat zu schwitzen, entdeckt den Monte Poro am besten auf einer Wanderung, geführt z. B. von Ellen Holetzke *(stupormunditours.com)*, oder auf zwei Rädern. Für Tipps, Routenvorschläge und den Verleih wendest du dich an *Moonlight (velamoonlight.com)*. Wenn dir unterwegs ein etwas penetranter Duft in die Nase steigt: Der kommt von der berühmten *cipolla rossa*, der roten Zwiebel, die hier rund um Tropea angebaut wird.

Heimische Produkte und Frisches aus dem Meer, traditionell oder neu interpretiert, werden in entspannter Atmosphäre im Restaurant *La Locanda (mittags, Okt.–April auch Mi geschl. | Contrada Santa Barbara | Tel. 34 03 48 72 98 | lalocandatropea.com | €€)* serviert. Bei Pasquale im *La Casareccia (tgl. | Contrada Pità | Tel. 0 96 36 80 85 | €€)* in *Brattirò* solltest du das Antipasto nicht verpassen: Pecorino, Salami, in Öl eingelegte Gemüse und vieles mehr. Danach brauchst du wahrscheinlich einen *Amaro del Capo*, einen Kräuterschnaps. *D11*

INSIDER-TIPP
Kalabrisch schlemmen

4 NICOTERA

30 km südlich von Tropea/40 Min. über die SP 17 und SP 29

Das hübsche Städtchen (6200 Ew.) schwebt als Belvedere über dem Golf von Gioia Tauro. Tropeatouristen tauchen hier ein ins „echte" Kalabrien. Ein Bummel durchs *centro storico* führt durch das alte Judenviertel *Giudecca* und zum Kastell. Einen wichtigen Erwerbszweig bilden bis heute die Granitbrüche; sorgfältig behauene Barockportale zieren Palazzi und Kirchen. *D11*

SCILLA

(C13) **Liebe Männer, das malerische Fischerstädtchen (4800 Ew.) hat seinen Namen von Skylla, dem**

REGGIO & ASPROMONTE

ATEMRAUBENDE SCHÖNHEITEN

Im tiefsten Süden, wo die italienische Halbinsel dem afrikanischen Kontinent schon sehr nahe kommt, schockiert das unvermittelte Nebeneinander von atemraubender Schönheit und Betonverschandelung. Traumblicke an der Jasminküste und Haine voll duftender Bergamotten wechseln sich ab mit halb fertigen Bauruinen und in die Landschaft geklotzten Billigferienhäusern. Reggio di Calabria, die historische Hauptstadt der Region, wuchert mit Industrie- und Hafengebäuden bis Villa San Giovanni. An dieser

Spannendes Geisterdorf im Aspromonte: Pentedattilo

Stelle ist die Straße von Messina nur 3 km breit, mit der Fähre kannst du einen Abstecher nach Sizilien unternehmen. Die Bronzi di Riace, zwei Prachtkerle mit griechischen Wurzeln, die subtropische Pflanzenpracht und der grandiose Blick über die Meerenge an der Uferpromenade lohnen den Besuch der quirligen Großstadt. Kontrastprogramm sind die urgewaltige Natur und die nur auf abenteuerlichen Straßen zu erreichenden Bergdörfer des Aspromonte. Und im Osten, hoch über der ionischen Küste, lockt Gerace mit prachtvollem Dom.

REGGIO & ASPROMONTE
Rombiolo
Joppolo
San Calogero
Rosarno
San Ferdinando
Golfo
di Gioia
Gioia Tauro
Melicucco
Lido di Palmi
Rizziconi
Tonnara di Palmi
San Filippo
San Martino di Taurianova
Prato
Palmi
Taurianova
Sant'Elia
Scroforio
Barritteri
Seminara
Sant'Anna
Varapodio
Molochio
Pellegrina
Melicuccà
Bagnara Calabra
SICILIA
Mortelle
Cosoleto
Oppido Mamertina
Scilla
Sant'Eufemia d'Aspromonte
Sinopoli
di Messina
Santa Cristina d'Aspromonte
Delianuova
Villa San Giovanni
Campo Calabro
San Roberto
Platì
Fiumara
140 km, 2 Std.
Calanna
Laganadi
Mannoli
Stretto
1 Aspromonte
Lungomare Italo Falcomatà
Bronzekrieger von Riace
Archi
Reggio di Calabria
S. 102
CALABRIA
Cardeto
Gallina
Samo
Armo
Roccaforte del Greco
Trunca
Pellaro
Bagaladi
Motta San Giovanni
Fossato
Staiti
Condofuri
Bova
Montebello Jonico
Amendolea
Palizzi
Lazzàro
Masella
2 Pentedattilo
Saline Joniche
Condofuri
Bova Marina
Palizzi Marina
Condofuri Marina
Bova Marina
Spropoli
5 km
3.11 mi
Melito di Porto Salvo
22
18
A2
682
1
2
3
RA4
106

MARCO POLO HIGHLIGHTS

★ **DUOMO DELL'ASSUNTA**
Antike Säulen aus Granit, Serpentin und Marmor stützen Kalabriens größten Kirchenbau in Gerace ➤ S. 107

★ **LUNGOMARE ITALO FALCOMATÀ**
Der schönste Kilometer der Welt liegt in Reggio – mit subtropischer Pflanzenpracht und Traumblick auf den Ätna ➤ S. 102

★ **BRONZEKRIEGER VON RIACE**
Die attraktivsten Männer Kalabriens sind aus Bronze und in Reggio di Calabria zu bewundern ➤ S. 102

★ **ASPROMONTE**
Spektakuläre Natur und dramatische Bergdörfer ➤ S. 105

★ **LA CATTOLICA**
Fünf Kuppeln aus Ziegelstein krönen das reizende byzantinische Kirchlein in Stilo ➤ S. 108

REGGIO DI CALABRIA

(🕮 C13) **Das Erdbeben von Messina hat 1908 auch Reggio (179 000 Ew.) schwere Wunden geschlagen.** Angesichts des im Liberty, dem italienischen Jugendstil, großzügig wieder aufgebauten Zentrums vergisst man leicht die vieltausendjährige Geschichte der ehemaligen Hauptstadt Kalabriens. Als eine der frühesten griechischen Kolonien wurde Rhegion im 8. Jh. v. Chr. gegründet. Nach einem arabischen Intermezzo wurde sie im 11. Jh. zum Brückenkopf der normannischen Eroberung Siziliens. Heute ist man in Reggio stolz auf die wunderbaren *gelaterie* und auf die großen Söhne der Stadt, darunter der Modezar Gianni Versace (1946–1997) und der Futurist Umberto Boccioni (1882–1916) – eine seiner Skulpturen ziert die Rückseite der italienischen 20-Cent-Münze.

Seit ein paar Jahren erfindet sich Reggio neu. Wichtigster Impulsgeber war Italo Falcomatà, bis zu seinem frühen Tod 2001 Bürgermeister der Stadt. Mit Falcomatà, einem ausgesprochenen Gegner der *'ndrangheta,* begann der politische „Frühling von Reggio". Der Lungomare trägt seinen Namen. Futuristischer Abschluss der eleganten Meerespromenade soll Zaha Hadids Meeresmuseum werden.

WOHIN ZUERST?

An der **Piazza Indipendenza** findest du mit etwas Glück einen Parkplatz, wenn du mit dem Auto unterwegs bist. Wer mit der Bahn anreist, kann hier an der Stazione Lido aussteigen. Alle Stadtbusse verkehren zwischen der Piazza Garibaldi beim Hauptbahnhof und dem Museo Archeologico an der Piazza Indipendenza.

SIGHTSEEING

MUSEO ARCHEOLOGICO NAZIONALE

Kreischende Fans finden sich zum Glück noch nicht, dennoch kann man die beiden wahrscheinlich attraktivsten Männer Kalabriens (oder ganz Italiens? Eigentlich sind sie ja sogar Griechen ...) als Stars bezeichnen: die 2 m großen ★ Bronzekrieger von Riace aus dem 5. Jh. v. Chr. In künstlerischer wie technischer Hinsicht (was für ein Sixpack!) wahre Meisterwerke, verkörpern die beiden wohlgeformten Helden in prototypischer Weise das antike griechische Schönheitsideal. *Di–So 9–20 Uhr | Piazza Giuseppe De Nava 26 | museoarcheologicoreggiocalabria.it |* ⏲ *1½ Std.*

LUNGOMARE ITALO FALCOMATÀ ★ ☂

Teste mal, wie viele Personen sich an den Händen fassen müssen, um den Stamm eines der Riesengummibäume zu umrunden – mindestens fünf! Und wen das noch nicht beeindruckt, der wird sicher von den Kunstwerken, die Reggios Bummelboulevard säumen, spätestens aber vom phänomenalen Blick nach Sizilien überwältigt.

Sixpack und Hipsterbart: Die antiken Bronzi di Riace verkörpern ein vertrautes Männerbild

Nicht umsonst ist dies „der schönste Kilometer der Welt", so der italienische Literat Gabriele D'Annunzio über die Uferpromenade.

PINACOTECA CIVICA

Diese Ausstellung überzeugt mit tollen Werken nicht nur kalabrischer Künstler auch Kunstmuffel – gratis! *Mo–Fr 8.30–12.30 Uhr | Via Osanna/Corso Garibaldi | turismo.reggiocal.it | 45 Min.*

DUOMO

Eine Kerzenflamme wird zur lodernden Säule, die einfach nicht niederbrennen wollte: So hatte Apostel Paulus bei seiner ersten Predigt auf italienischem Festland genug Zeit, das Christentum zu verbreiten. An dieser Stelle steht nun der nach der Erdbebenkatastrophe von 1908 im Zuckerbäckerstil wieder aufgebaute Dom, im Inneren noch immer die unzerstörbare Säule. *cattedralereggiocalabria.it*

ESSEN & TRINKEN

LE VIE DEL GUSTO

Traditionelle kalabrische Küche mit lokalen Zutaten, so lecker, so reichhaltig – hier kommst du bestimmt nicht nur einmal her! *So-Abend und Mo geschl. | Via II Settembre 55/57 | Tel. 32 48 84 40 25 | Facebook | €€*

BUONA CALABRIA

Das wird keine einfache Entscheidung: Pasta mit Pilzen, Bohnensuppe, ein Braten von der hiesigen schwarzen Schweinerasse oder doch eine Pizza? *Tgl. | Via Marsala 20 | Tel. 09 65 31 25 77 | Facebook | €€–€€€*

Wo gibts das schon? Rolltreppe mit Meerblick – mitten durch die Altstadt von Reggio

SHOPPEN

PIZZIMENTI SPECIALITÁ TIPICHE CALABRESI

Hier wirst du fast erschlagen von der Auswahl an kalabrischen Spezialitäten. Auch die Bergamotte gibts hier in allen Varianten – selbst der Schokoladenlikör konnte sich der Zitrusfrucht nicht entziehen. *Corso Garibaldi 263 | pizzimenti.it*

INSIDER-TIPP
Verbitterter Kakao

STRÄNDE

Der Stadtstrand *Lido Comunale Genoese Zerbi* direkt unterhalb der Piazza Indipendenza bietet ein unschlagbares Panorama.

SPORT & SPASS

Sizilien im Blick: joggen auf der mondänen Meerespromenade. Am Abend gleiten die *ragazzi* auf ihren Skates über das fugenlos verlegte Pflaster. Windsurfbretter kannst du bei *Windsurf dello Stretto (Tel. 34 70 51 50 32 | windsurfdellostretto.eu)* am Lido Comunale ausleihen (auch Kurse).

AUSGEHEN & FEIERN

Ein Blick auf *tuttoqui.it/reggiocalabria* reicht und auf gehts zum nächsten Event.

CIROMA

Cocktails und jede Menge Bier, dazu Pizza, *panini* und leckere Antipasti: Dem vor allem jungen Publikum gefällts. Schutzgeldfrei! *Tgl. | Via Aschenez 5 | ciroma.it*

LA SOSTA

Jazzfan? Der beste Jazzclub der Gegend befindet sich im nahen Villa San Giovanni beim Bahnhof. Von Oktober bis Mai Livekonzerte – Programm online checken! *Mo geschl. | Via Monsignor Bergamo 37 | lasosta.net*

RUND UM REGGIO DI CALABRIA

1 ASPROMONTE ★

25 km bis Gambarie östlich von Reggio/55 Min. über Terreti und die SP 3

Ob italienisch „rauer" oder griechisch „weißer" Berg – der Aspromonte ist ein knorriges, unzugängliches Gebirge voller Überraschungen. Sein lockeres sogenanntes Konglomeratgestein gibt bei jedem Regen nach und verschüttet die oft nicht asphaltierten, mit Schlaglöchern übersäten Serpentinenstraßen. Aus diesem Grund ist es empfehlenswert, nur mit einem erfahrenen Aspromonte-Experten auf Entdeckungstour zu gehen. Wer sich hier ins Abenteuer stürzt, wird auf jeden Fall mit großartigen Landschaftserlebnissen belohnt: hohe Wasserfälle, sommertrockene Fiumare, bizarre Sandsteinformationen, Buchen- und Tannenwälder voller Pilze. Auskunft und Wanderkarten gibts bei der *Ente Parco Nazionale dell'Aspromonte (Via Aurora 1 | Tel. 09 65 74 30 60 | parcoaspromonte.gov.it)* in *Gambarie*.

Tourismus ist hier immer noch ein junges Phänomen, kulturell engagierte Kooperativen zeigen Gästen ihre Heimat: Die *Cooperativa San Leo (Tel. 34 73 04 67 99 | coopsanleobova.it)* in *Bova* organisiert Trekkingtouren, vermittelt Privatunterkünfte und betreibt das Restaurant *Grecanico (nur nach Reservierung | Via Polemo | €)*. Etliche weitere Kooperativen bieten geführte Wander- und Trekkingtouren an, u.a. *Up & Down (Via degli Sci 10 | gambarie.org)* in *Gambarie*. Sehr zu empfehlen sind auch die Dienste von *Misafumera (Tel. 34 70 80 45 15 | misafumera.it)*, die für Gruppen ab vier Personen mehrtägige Trekkingtouren im Aspromonte-Nationalpark organisieren.

Von Reggio schnell zu erreichen ist der 1300 hoch gelegene Wintersportort *Gambarie*, Zentrum des Parco Nazionale dell'Aspromonte. Das Restaurant des rustikalen Familienhotels *Miramonti (tgl. | Via degli Sci 10 | Tel. 09 65 74 31 90 | hotelmiramontigambarie.it | €€)* serviert Pilz- und Wildspezialitäten. Für Mountainbikefans lohnt es sich, Kontakt zu Rosalba Priolo aufzunehmen: Sie ist aktives Mitglied des MTB-Clubs *Aspromonte Bike (Tel. 34 73 72 00 48)* und kann dir gute Tourentipps geben. Ein ca. 30-minütiger Autoausflug führt zum Fuß des *Montalto*, des mit 1955 m höchsten Gipfels des Aspromonte, den eine Christusstatue beschützt. Die auch für Kinder geeignete, kurze Wanderung wird mit einem Blick über die Bergwildnis bis zum sizilianischen Ätna belohnt. Schotterpisten schrauben sich zum einsamen *Santuario della Madonna di Polsi*, das Ende August Ziel Tausender von Pilgern ist. Besser mit einem Jeep oder MTB kämpft man sich zu den halb verlassenen Bergnestern *Gallicianò* und *Roghudi* im Süden des Massivs oberhalb der grandiosen *Fiumara Amendolea* durch.

Kalós írthate, „willkommen", grüßen zweisprachige Ortsschilder auf Griechisch. Noch sprechen die Alten hier den grekanischen Dialekt. Bis in die jüngste Vergangenheit war der Aspromonte Rückzugsgebiet von Briganten und der *'ndrangheta*. In Santo Stefano wird Giuseppe Musolino (1876–1956), der „Wolf des Aspromonte", besungen. Der unschuldig zu 21 Jahren Haft Verurteilte narrte auf seiner Flucht die Carabinieri drei Jahre lang. Auch die meisten italienischen Kidnappingopfer der 1980er-Jahre schmachteten in den Höhlen des Aspromonte – heute hofft man, legal am Tourismus zu verdienen. Balladen über Giuseppe Musolino auf CD vom populären Otello Profazio oder dem *cantastorie* (Bänkelsänger) Orazio Strano gibt es an Ständen auf Märkten und Festen, z. B. am Santuario della Madonna di Polsi.

INSIDER-TIPP
Parfümierte Brise schnuppern

Maulbeerbäume und Bergamotten duften im April und Mai um die Wette und umhüllen den *agriturismo Il Bergamotto (nach Reservierung tgl. | Condofuri | von der SS 106 Richtung Amendolea | Tel. 3476012338 | €)* von Tiziana und Ugo Sergi – ein Traum nicht nur für Duftnasen und Leckerschmecker, auch Kinder vergnügen sich mit Eselsritten und spannenden Naturwanderungen in die Fiumara Amendolea.

Nach so vielen Bergen zieht es dich nun vielleicht wieder ans Wasser? Entlang der Südküste überzeugen einige Strände mit oft spiegelglattem Meer und feinem Sand. Außerhalb der Hochsaison hast du hier stellenweise ellenlange Abschnitte nur für dich allein, z. B. in *Bova Marina* oder *Condofuri*. D13–14

Engagierte Kooperativen wie hier am Fuß des Montalto führen durch den Aspromonte

2 PENTEDATTILO

35 km südöstlich von Reggio/45 Min. über die SS 106

In dem Bergdorf lebte seit den 1960er-Jahren niemand mehr, da man Angst hatte, dass einer der fünf bizarren Sandsteinkegel abbricht, die majestätisch hinter dem Ort aufragen. Bis jetzt stehen alle noch ... Einige alte Häuser werden mittlerweile restauriert und an Gäste vermietet *(borgopentedattilo.it)*. Wanderfreunde können sich für eine Woche Trekking auf den *Sentiero dell'Inglese (sentierodellinglese.it)* begeben, der in Pentedattilo startet: Atemraubende Ausblicke, faszinierende Natur und der eine oder andere Schweißtropfen sind garantiert. *C14*

INSIDER-TIPP
Sieben Tage schwitzen und schwelgen

GERACE

(E13) **Eigentlich könnte man die ehemalige Bischofsstadt (2500 Ew.) auch als Kirchenmuseum betrachten: In diesem kleinen Ort standen zeitweise bis zu 70 Kirchen!**

Ein Spaziergang durch die unversehrte Altstadt mit ihren vielen versteckten Winkeln gerät fast schon zur Zeitreise ins Mittelalter – und der Blick zur Küste lässt den Atem stocken.

SIGHTSEEING

DUOMO DELL'ASSUNTA ★

Eine kleine Stadt ganz groß – die Kathedrale ist sogar die größte ganz Kalabriens. Man betritt sie von der Apsis aus über die von antiken Säulen gestützte Krypta. Obwohl bereits unter byzantinischer Herrschaft 1045 geweiht, fügt sich die monumentale Architektur ins normannische Bauschema. Säulen aus Granit, Serpentin und Marmor aus dem antiken Lokroi verleihen dem Innenraum majestätische Würde. *Tgl. 9.30–12.30 und 15–18 Uhr*

SAN GIOVANELLO (SAN GIOVANNI CRISOSTOMO)

Von der Riesenkathedrale zum kompletten Gegenteil: Das Kirchlein aus dem 11. Jh. hat nur ein Schiff, getrennte Eingänge für Männer und Frauen und eine Ikonostase (Bilderwand). In der byzantinischen Kapelle wird Gottesdienst nach orthodoxem Ritus gefeiert.

ESSEN & TRINKEN

IL BRILLO PARLANTE

Urige Weinpinte, zum Sattwerden *pasta fatta in casa alla geracese* – mit Sardinen, getrockneten Tomaten, Oliven, *peperoncino* – unbedingt probieren! *Mo geschl. | Via IV Novembre 3 | Tel. 34 97 41 57 33 | €–€€*

BAR DEL TOCCO

Maulbeeren, Zitronen, Bergamotten und sogar Jasminblüten verwandeln sich unter Giuseppe Rinaldis geschickten Händen in köstliche *granite*. *Tgl. | Piazza del Tocco 7*

INSIDER-TIPP
Blumige Eiskreation

A SQUELLA

Ein Ausblick zum Reinbeißen – aber tu das besser in die frischen lokalen Produkte, kalabrisch lecker zubereitet. *Tgl. | Via della Resistenza 8 | Tel. 09 64 35 60 86 | €€*

SHOPPEN

TESSITURA ARTIGIANALE ARACNE

Die Sozialkooperative fertigt traditionelle Tücher und Tischwäsche auf Handwebstühlen. *Via Roma*

RUND UM GERACE

3 LOCRI

8 km südöstlich von Gerace/20 Min. über die Via Santa Veneranda

Das antike *Lokroi Epizephyrioi* wurde 673 v. Chr. gegründet – angeblich von Aristokratinnen aus der griechischen Region Lokris, die mit ihren Sklaven durchbrannten, da ihre Männer ständig auf Kriegszug waren. Von der antiken *polis* (Stadt), in der zu ihrer Blütezeit 30 000 Menschen lebten, sind in der *Zona Archeologica (Di–So 9–19.30 Uhr | locriantica.it | 1½ Std.)* das griechische Theater, Tempelfundamente, ein Handwerkerviertel und Nekropolen zu sehen. Das *Museo Nazionale di Locri Epizefiri (Di–So 9–19.30 Uhr | 30 Min.)* informiert umfassend – die spektakulärsten Fundstücke lagern jedoch im Museum in Reggio.

Wer ans Meer will, muss – wie so oft in Kalabrien – nach kleinen Unterführungen unter der Bahnlinie suchen, die parallel zur Küste gebaut wurde. *E13*

4 PARCO MUSEO SANTA BARBARA

30 km nördlich von Gerace/40 Min. über die SP 80, SS 106 und SP 5

Nik Spatari (1929–2020), der „Nik de St-Phalle Kalabriens", der in Paris mit Le Corbusier zusammenarbeitete, hat in seinem Heimatdorf *Mammola* einen faszinierenden Skulpturenpark geschaffen – inmitten der mediterranen Vegetation eines ausgedehnten Klostergartens. *Tgl. 10–14 Uhr | musaba.org | 1½ Std. | E12*

STILO

(F12) **In einer von Fiumaren, den sommertrockenen Wildbachbetten, zerrissenen Landschaft posiert das am Hang ansteigende Stilo (2500 Ew.) unter der burggekrönten Felskulisse des Monte Consolino.**

Mit Rossano war es das bedeutendste Zentrum byzantinischer Basilianermönche. Der Ortsname (*stylos* = Säule) kommt aus dem Griechischen. Zu Füßen der Altstadt erhebt sich das Denkmal des Philosophen Tommaso Campanella, der im nahen Stignano das Licht der Welt erblickte.

SIGHTSEEING

LA CATTOLICA ★

Unter dem byzantinischen Wahrzeichen Kalabriens stellt man sich vielleicht wer weiß was für ein Bauwerk vor, stattdessen überrascht das entzückende Ziegelkirchlein mit seinen fünf Kuppeln am Hang oberhalb des

Markant: die fünf Kuppeln von La Cattolica, dem byzantinischen Wahrzeichen Kalabriens

Orts zunächst einmal mit seiner Winzigkeit; immerhin: den Kopf musst du nicht einziehen ...
Im 10. Jh. wurde es als Hauptkapelle und klösterlicher Mittelpunkt der in Grotten hausenden Basilianermönche errichtet. Die vier Säulen im Inneren der quadratischen Kirche sollen von vier Jungfrauen getragen worden sein. An den Wänden sind mehrere Freskenschichten zu erkennen, die auf die verschiedenen Epochen zurückgehen. *April–Okt. tgl. 8–20, Nov.–März Fr–Mo 12–18, Di–Do 8–14 Uhr*

CASTELLO NORMANNO

Auch wenn die Zunge draußen hängt, der einstündige Fußmarsch auf den 701 m hohen Burgberg *Monte Consolino* wird mit einem sagenhaften Blick über das Meer belohnt.

ESSEN & TRINKEN

IL CASTELLO

Authentische kalabrische Küche wie von *mamma*, abends auch Pizza. *Mo geschl. | Viale Roma/Piazza Luigi Carnovale | Tel. 33 94 64 31 45 | €–€€*

CHIOSCO BAR LA CATTOLICA

Am Kiosk direkt vor der Cattolica serviert Fernando Salanova von März bis Oktober so preiswerte wie köstliche kalabrische Spezialitäten. *Tgl. 8–24 Uhr | Tel. 33 93 52 41 03 | Facebook | €*

SHOPPEN

ARMONIA

Der Imker und Lebenskünstler Giorgio Scrivo verkauft Biohonig und andere Gaumenfreuden an der Provinzstraße, die von der Küste nach Stilo hochführt. *Ortsteil Barbaro | kurz vor km 7 der SP 9*

SPORT & SPASS

DIVING CENTER PUNTA STILO

Sitz der empfehlenswerten Tauchschule ist das Bergstädtchen Stilo. Das Meer ist jedoch nah. Die Agentur fungiert zugleich als ausgezeichnete Tourismusinfo. *Via Nazario Sauro 10 | Tel. 34 73 34 00 03 | divingcenterpuntastilo.it*

RUND UM STILO

5 ROCCELLA IONICA

35 km südlich von Stilo/45 Min. über die SP 9 und SS 106

Wie in so vielen Orten entlang der Küste Kalabriens thront auch in Roccella Ionica (6300 Ew.) eine Burg, das *Castello Carafa (aktuelle Zeiten s. Website | castelloroccella.it),* dessen Grundmauern aus der Zeit der Normannen stammen. Schon allein des grandiosen Ausblicks wegen lohnt sich der Besuch. Angenehm schlendert es sich anschließend durch das *centro storico* des Städtchens bis zum gepflegten *lungomare,* an dem sich ein öffentlicher Strand und verschiedene Badeanstalten *(lidi)* aneinanderreihen. Der Strand erhielt bereits Anfang der 2000er-Jahre zum ersten Mal die Blaue Flagge – und gibt sie seitdem nicht mehr her. *F12*

6 BADOLATO

40 km nordwestlich von Stilo/1 ¼ Std. über die SP 9 und SS 110

Die Bewohner des pittoresken Bergstädtchens beweisen Einfallsreichtum, um ihren Ort vor dem Aussterben zu bewahren: Mehrere Projekte integrieren erfolgreich Immigranten und Menschen in sozialen Nöten, Altstadthäuser werden restauriert und in hübsche Ferienwohnungen verwandelt *(costadegliangeli.com).* Doch nicht nur das Bergdorf ist idyllisch, auch die *Spiaggia di Badolato Marina* mit weißgoldenem Sand und kristallklarem Meer ist ein Traum. *F11*

7 CASCATA DEL MARMARICO

5 km westlich von Stilo/15 Min. über die SP 95

Wow! So wirst du wohl reagieren, wenn du mit dem Jeep durch die Natur zu diesem höchsten Wasserfall Kalabriens in *Bivongi* holperst, um dich anschließend in die Fluten zu stürzen. Frag in der urigen Trattoria *La Vecchia Miniera (Mo geschl. | Ortsteil Perrocalli | Tel. 09 64 73 18 69 | €€)* und vergiss anschließend auf keinen Fall, dir mit den regionalen Köstlichkeiten den Bauch vollzuschlagen! *F12*

INSIDER-TIPP
Pack die Badehose ein!

8 SERRA SAN BRUNO

40 km nordwestlich von Stilo/1 ¼ Std. über die SP 9 und SS 110

Tief zurückgezogen im urwaldähnlichen Bergland der Serre errichtete der hl. Bruno von Köln 1091 nach dem Vorbild der von ihm gegründeten Grande Chartreuse bei Grenoble sei-

Gregorianische Musik untermalt den Besuch im Klostermuseum von Serra San Bruno

ne zweite Kartause. Typisch für die Kartäuser ist das absolute Schweigegebot, das nur bei Notfällen und für die Messe unterbrochen wird, sowie die Anonymität: Selbst auf Grabkreuzen steht kein Name. Mönche leben auch heute noch im Kloster, doch in ihren Bereich des Klosters, das um 1900 über den Trümmern des beim Beben von 1783 eingestürzten Vorgängerbaus errichtet wurde, kommt man nicht – aber ins *Museo della Certosa (April–Okt. tgl. 10–13 und 15–18, Juli/Aug. bis 19 bzw. 19.30, Nov.–März 10–13 und 15–17 Uhr | museocertosa.org).*

Der betriebsame Ort (6500 Ew.) entstand aus der Ansiedlung der Klosterhandwerker. Heute noch werden hier kunstvolle Schmiedearbeiten von Hand gefertigt. Pilzreiche Wälder laden in der Umgebung zu erholsamen Wanderungen ein. Ein lauschiger Waldspaziergang geleitet dich in 25 Minuten vom Kloster bis zur idyllischen Kirche *Santa Maria del Bosco,* wo die Sterbegrotte des hl. Bruno verehrt wird.

Mitten im Wald kannst du im rustikalen ☂ *Ritrovo Santa Maria (tgl. | Ortsteil Santa Maria del Bosco | Tel. 0963700000 | €)* fast von der Hand in den Mund genießen: Die Pilze wachsen quasi vor der Tür. Dazu Signora Angelas Kochkünste und Fasswein aus Bivongi: Genuss hoch 10! Steinpilze frisch, in Öl oder getrocknet bekommst du bei *Serfunghi di Calabretta Bruno (Via Giuseppe Maria Pisani 9 | serfunghi.it).* Und probier mal die lokale Spezialität: Sogar dem Magenbitter verleihen die *porcini* ihr unvergleichliches Steinpilzaroma. In der angeschlossenen Trattoria *Le Serre (Di geschl. | €)* kannst du die Pilze auch vor Ort verkosten. *E11*

ERLEBNIS TOUREN

Lust, die Besonderheiten der Region zu entdecken? Dann sind die Erlebnistouren genau das Richtige für dich! Ganz einfach wird es mit der MARCO POLO Touren-App: Die Tour über den QR-Code aufs Smartphone laden – und auch offline die perfekte Orientierung haben.

1 VON DER COSTA DEI CEDRI IN DEN PARCO DEL POLLINO

- ➤ Zwischen Küste und Bergen Kalabriens Seele spüren
- ➤ Kultur und Küche der Arbëreshë kennenlernen
- ➤ Nervenkitzel inklusive: Canyoning in der Schlucht des Raganello

Start: Diamante-Cirella	Ziel: Diamante-Cirella
gut 250 km	3 Tage, reine Fahrzeit 4–7 Stunden

TAG 1
1 Diamante-Cirella
10 km
2 Belvedere Marittimo
⋮

Von 1 **Diamante-Cirella** ➤ S. 44 fährst du *auf der Küstenstraße SS 18 nach Süden, um auf Höhe von* 2 **Belvedere Marittimo** *auf die SP 263 ins Landesinnere abzubiegen.* Schnell schraubt sich die Straße in eine herrliche Landschaft hoch und der Blick zurück auf die Cos-

Tour 2 führt dich auf einer schönen Wanderung durch den Nationalpark der Sila

ta dei Cedri ist *molto bello.* Durch dichte Wälder geht es *über den 740 m hohen* **Passo dello Scalone** in den lieblichen Talkessel des Fiume Esaro. Links türmen sich eindrucksvoll die Monti di Orsomarso, während sich die Straße durch eine gepflegte Bauernlandschaft zieht.

INS ALBANISCHE KALABRIEN

Über Sant'Agata di Esaro erreichst du das seit der Bronzezeit besiedelte ❸ **San Sosti**. Das nahe Bergheiligtum der **Madonna del Pettoruto** ist im Sommer sonntags das Ziel farbenfroher Pilgerzüge. Auf der Weiterfahrt kündigen sich Acquaformosa (Firmoza) und ❹ **Lungro (Ungra)** mit ihren Ortsschildern zweisprachig an. Seit Ende des 15. Jhs. leben hier Albaner. Der Sonntagsgottesdienst in der **Cattedrale di San Nicola di Mira** wird nach griechischer Liturgie gesungen, ein unvergessliches Erlebnis. Anschließend ist das gotische Schmuckkästlein ❺ **Altomonte** ➤ S. 57 ein Muss. Mit der grandiosen Bergkulisse des Pollino im Norden schläfst du ein und wachst am Morgen wieder auf.

EINE TOUR IM CANYON DES FIUME RAGANELLO

Zurück auf die SP 263 und weiter über Saracena und San Basile, kannst du am nächsten Tag ❻ **Castrovillari**

36 km
❸ San Sosti
32 km
❹ Lungro
11 km
❺ Altomonte
TAG 2
35 km
❻ Castrovillari

13 km

7 Civita

➤ S. 53, der heimlichen Hauptstadt des Pollino, einen Besuch abstatten. Anschließend geht es weiter nach **7 Civita (Çifti) ➤ S. 54**. Eine Übernachtung im B & B **Il Belvedere** *(bebparcodelpollino.it)* belastet die Reisekasse nur wenig – und du kannst direkt vom Haus aus zu einer Wanderung in der spektakulären **Raganelloschlucht ➤ S. 55** aufbrechen. Hungrig von der Wanderung? Im Ristorante **Kamastra ➤ S. 55** wird die traditionelle Küche der Arbëreshë mit Kreativität zeitgemäß interpretiert.

TAG 3

27 km

8 Morano Calabro

13 km

Am nächsten Tag geht es *über Frascineto auf der A 2 nur einige Kilometer in Richtung Norden,* bis du von der nächsten Ausfahrt aus **8 Morano Calabro ➤ S. 52** erreichst. Ein Streifzug zu Fuß bergauf durch das Labyrinth der engen Treppengassen bringt den Kreislauf in Schwung; oben warten atemraubenden Blicke vom restaurierten **Normannenkastell** ins weite Umland. In der Bar des Naturkundemuseums **Il Nibbio** gibts anschließend die passenden Erfrischungen.

ZWISCHENSTOPP IN DER STEINZEITHÖHLE

Setz dann die Fahrt *auf der SS 19 in Richtung Norden fort. Nach einigen weiten Kurven führt die Straße über den gut 1000 m hohen* Campotenese-Pass. Fernfahrer und Freunde guten Essens legen nahe der Autobahnausfahrt Campotenese gern einen Stopp in der Straßentrattoria ⑨ La Baita di Campotenese ➤ S. 53 ein. *Über Mormanno führt die SP 3 durchs wildromantische Laotal* zurück an die Costa dei Cedri. *Achte an der Kreuzung nach Avena auf den beschilderten Abzweig, der rechts zur* ⑩ Grotta del Romito ➤ S. 47 *hinabführt.* Nach dem Besuch der Steinzeitgrotte mit dem lebensechten Abbild eines Auerochsen kannst du dich in der Familientrattoria Grotta del Romito *(im Sommer tgl. | Tel. 3248199906 | Facebook | €)* stärken. *Wieder auf der SS 504,* verdient das hübsche ⑪ Papasidero auf jeden Fall einen Fotostopp. *Zurück an der Küste,* beleidigen zunächst die Bausünden um ⑫ Scalea ➤ S. 46 das Auge. Versöhnlicher stimmt dann die treppenreiche Altstadt. Und zum Abschluss warten immerhin die schönen Strände von ① Diamante-Cirella.

⑨ La Baita di Campotenese
30 km
⑩ Grotta del Romito
13 km
⑪ Papasidero
22 km
⑫ Scalea
17 km
① Diamante-Cirella

② SCHWARZWALDFEELING IM PARCO NAZIONALE DELLA SILA

- ➤ **Auf Tuchfühlung mit der Natur**
- ➤ **Innehalten, tief durchatmen und die Stille genießen**
- ➤ **Vorfreuden auf kulinarische Highlights**

Start: Posto di Ristoro
Ziel: La Tavernetta
Strecke: 17 km
Dauer: ½–1 Tag, reine Gehzeit 5–6 Stunden
Schwierigkeit: leicht
Höhenmeter: 500 m

Info: Die Wege sind doppelt markiert, einmal in den Farben des Italienischen Alpenvereins CAI rot-weiß und als Nationalparkwege mit der Bezeichnung PNS. Die Wanderstrecke beträgt 17 km, danach gehts mit dem Auto zur abschließenden Einkehr im ⑤ **La Tavernetta.**

An der SS 177 nordöstlich von Camigliatello ➤ S. 70 steht die Infohütte des Nationalparks ➤ S. 72 mit Park- und Picknickplätzen. Am ① Posto di Ristoro nebenan

① Posto di Ristoro

kannst du dich mit kalabrischen Spezialitäten fürs Picknick eindecken. *Dann folgst du durchs Tor dem als Sentiero CAI 434/PNS 31 bezeichneten Weg ins große Freigelände.* In sanften Serpentinen ansteigend, führt der Weg anschließend in den Nadelwald. Unterwegs zweigt der Sentiero CAI 434/PNS 31 rechts ab, der als Rundweg zurück zum Ausgangspunkt führt – eine kurze Wegvariante mit Kindern bzw. später der Rückweg.

6200 m

Ab jetzt folgst du dem Sentiero CAI 439/PNS 24 für knapp drei Stunden bis in den Wiesengrund der Fossiata. Kurz darauf den nächsten Abzweig ebenfalls rechts liegen lassen. Im Anschluss querst du das Tal des Fiume Freddo; talseitig stößt der Sentiero CAI 435/PNS 28 dazu, später Teil des Rückwegs. *Es geht geradeaus weiter. Unterwegs führt dich ein kurzer Abstecher auf den Aussichtspunkt am* **❷ Cozzo del Principe**. Dann fällt der Weg im Buchen- und Schwarzkiefernwald rasch wieder ab.

❷ Cozzo del Principe

3000 m

❸ Fossiata

Der Sentiero CAI 439/PNS 24 endet auf einer Lichtung im Waldgebiet **❸ Fossiata**. *Direkt vor der Brücke über den Fiume Cecita (hier quert auch die Straße) biegst du links auf den Sentiero CAI 442/PNS 25 ab,* der dem Bach flussabwärts folgt. Während sich der Fiume Cecita rasch vertieft, fällt der Weg nur sanft ab. Von einer kleinen Lichtung *steigst du links auf dem Sentiero CAI 435/PNS 28 wieder auf.* Nach leichtem Auf und Ab geht es über eine größere Lichtung und an einer verfallenen Holzhütte vorbei. Mit einer Linkskurve führt der Pfad zurück in den Wald.

7600 m

WAS RÖHRT DENN DA?

Von unten triffst du wieder auf die als Sentiero CAI 439/PNS 24 markierte Forststraße. Hier lohnt der kleine Umweg über den schönen *Schlenker nach links auf dem Sentiero CAI 434/PNS 31,* vorbei an den 4 Recinti Faunistici (Wildgehegen). Den Hirsch mit ausladendem Geweih erspähst du bestimmt, mit etwas Glück auch einen der scheuen Wölfe. *Durch das Freigelände der Forstverwaltung erreichst du dann wieder den Ausgangspunkt.*

4 Recinti Faunistici

8200 m

SILA-BERGKÜCHE DER EXTRAKLASSE

Belohn dich zum Abschluss mit einer Einkehr im Lokal 5 ★ *La Tavernetta (Mo geschl. | SS 177 km 5 | Ortsteil Campo San Lorenzo | Tel. 09 84 57 08 09 | sanlorenzosialberga.it | €€€),* die dich die Sila auch kulinarisch erleben lässt – z. B. mit Rippchen vom schwarzen Schwein und vielerlei Pilzköstlichkeiten.

5 La Tavernetta

Schwarzwald? Vogesen? Bayerischer Wald? Sila-Nationalpark im Morgendunst!

3 ZU FUSS INS WILDE HERZ DES ASPROMONTE

- Wild, karg, rau: Aspromonte, der wortwörtlich „raue Berg"
- Außer Atem – fehlende Puste oder der Ausblick in die Landschaft?
- Den höchsten Monolith Europas bestaunen

Natile Vecchio	Cactus Club
10 km	1 Tag, reine Gehzeit 4 ½ Stunden
mittel	340 m

Die Route ist mit den Nummern 105 und 124 rot-weiß markiert. Die Wanderstrecke beträgt 10 km. Zum Abschluss geht es per Auto zum Baden und Essen ans Meer bei Locri.

1 Natile Vecchio

INSIDER-TIPP **Frische Bauernwurst**

Du parkst am besten am Ortseingang von 1 **Natile Vecchio**. Hast du für Proviant gesorgt? An der Verlängerung der Hauptstraße liegt **Alimentari Mervello** *(Vico Petto 2)*, wo du u. a. hausgemachte Salami bekommst. Quellwasser und eine Bar gibts an der Piazza Chiesa Vecchia, Brunnen auch unterwegs.

Rechts von der Bar an der Piazza Chiesa Vecchia führt eine steile Gasse bergauf und trifft am oberen Ortsrand auf einen Maultierpfad, auf dem du nach links den Ort verlässt. Nach einer guten Viertelstunde zweigt rechts der Wanderweg ab und steigt zwischen Maschendrahtzäunen weiter an. *An einer Y-Gabelung kurz darauf folgst du dem etwas schmaleren Pfad nach links.*

2300 m

Nach weiteren fünf bis zehn Minuten verlässt du die ausgewaschene Fahrspur nach links und querst ein meist trockenes Bachbett. Der Weg zweigt nach einem markierten Baum rechts ab, folgt einem ansteigenden Hohlweg und erreicht nach ca. zehn Minuten den Grat. Folg mit dem Gratverlauf dem deutlichen Weg nach rechts. Vorbei an einem wellblechgedeckten Stall stößt du ca. eine Stunde nach dem Start von unten auf die breite Schotterstraße. Auf dieser links weiter, erreichst du nach gut 15 Minuten

die Kreuzung ❷ Località Scaru. *Zweig hier links ab und folg dem rot-weiß markierten Wanderweg.* Mit immer eindrucksvolleren Blicken auf die Pietra Cappa, den höchsten Monolith Europas, steigt der Weg am Waldrand an. Nach ein paar Schritten ist die ❸ Forsthütte von Natile Vecchio erreicht; an den Picknicktischen kannst du deine Proviantasche erleichtern.

Nach der Pause lockt die ❹ Pietra Cappa: Umrunde auf deutlichem Pfad das eindrucksvolle Felsgebilde *im Uhrzeigersinn und halte dabei nach den rot-weißen Zeichen Ausschau. Im Westen der Pietra Cappa trifft der Pfad erneut im Wald auf einen markierten Weg.* Links geht es zur Forststation San Giorgio, während du *rechts bergauf* den Rückmarsch antrittst. *Nach wenigen Hundert Metern* schließt sich der Kreis und *ab der Gemarkung Scaru folgst du der breiten Schotterstraße,* die auf dem letzten Abschnitt asphaltiert ist, zurück nach ❺ Natile Vecchio.

FINALE AM (UND IM!) MEER

Wenn dir jetzt nach einer Abkühlung im Meer ist und du im Anschluss Lust auf ein Kerzenscheindinner am Meer hast, ist der ❻ Cactus Club *(Mitte Juni–Ende Sept tgl. | Via Lungomare Nord | Tel. 3384396246 | cactus club.it | €€)* in Locri die richtige Adresse.

❷ Località Scaru

1900 m

❸ Forsthütte von Natile Vecchio

900 m

❹ Pietra Cappa

4900 m

❺ Natile Vecchio

28 km

❻ Cactus Club

GUT ZU WISSEN

DIE BASICS FÜR DEINEN URLAUB

ANKOMMEN

ANREISE

Die Strecke von München nach Reggio di Calabria beträgt rund 1600 km. Die Autobahnen in Österreich *(asfinag.at)*, der Schweiz *(autobahnen.ch)* und Italien *(autostrade.it)* sind mautpflichtig – die A2 (Autostrada del Mediterraneo) südlich von Salerno bis hinunter nach Reggio di Calabria bis jetzt jedoch nicht.

Schnelle und komfortable Eurocityzüge verbinden Italien mit Deutschland, Österreich und der Schweiz. Viele der internationalen Züge und alle italienischen Fernzüge sind reservierungspflichtig. Vor allem in der Hochsaison sollte die Planung nicht zu kurzfristig erfolgen. Mit Glück und bei rechtzeitiger Buchung lassen sich (Super-)Sparpreise Europa ergattern. Die Bahnfahrt Berlin–Tropea dauert etwa 24 Stunden, München–Tropea ca. 20 Stunden. Wer sich nicht selbst durch den Dschungel von Fahrplänen und Tarifen schlagen möchte, ist mit einem spezialisierten Bahnreisebüro *(gleisnost.de, kopfbahnhof.info)* gut bedient. Eventuell anfallende Beratungsgebühren sind eine lohnende Investition. *bahn.de, oebb.at, sbb.ch, trenitalia.com*

Charter- und Billigflieger aus den deutschsprachigen Ländern landen im Sommerhalbjahr in Lamezia Terme. Ganzjährig werden Lamezia Terme und Reggio di Calabria von Alitalia mit Umsteigen in Mailand oder Rom angeflogen. Je nach Ziel kommen auch die Flughäfen von Catania auf Sizilien und von Neapel für die Anreise in Betracht.

AUSKUNFT

Am Flughafen Lamezia Terme gibt es einen Informationsschalter. Online in-

Perfekt für die kleinen, gewundenen Bergsträßchen im Landesinneren: ein Cinquecento

formiert die Region auf *turiscalabria.it,* die Website der Italienischen Zentrale für Tourismus Enit ist *enit.de*; ebenfalls hilfreich: *italia.it.*

EINREISE

Für Deutsche, Schweizer und Österreicher genügt der Personalausweis, für Kinder wird ein Kinderpass, ein Personalausweis oder ein Reisepass benötigt. Eine Ausweiskontrolle findet dank dem Schengener Abkommen jedoch im Normalfall nicht statt.

KLIMA & REISEZEIT

Hochsaison ist von Juli bis Mitte September, in den beiden zentralen Augustwochen um den Feiertag *Ferragosto* (15. Aug.) herum sind sehr viele Urlauber unterwegs, allen voran Italiener, und die Zimmerpreise am Meer überschreiten manchmal die Schmerzgrenze; oft ist dann auch Halbpension obligatorisch. Schon ab Mai herrscht meist Badewetter, der schönste Monat ist jedoch der September: Es ist nicht mehr so heiß (und voll) und das Meer ist noch angenehm warm. Wer wandern oder die Städte im Landesinneren besuchen will, kommt am besten im Frühjahr oder Herbst – allerdings ist bis Ostern Schnee in den Hochgebirgen keine Seltenheit. Der Winter mag an der milden Küste seine Reize haben, aber durch die starke saisonale Emigration wirken viele Orte dann etwas trostlos. Zahlreiche Hotels – vor allem an den Küsten – öffnen nur zur Badesaison von Juni bis September oder sind zumindest ab Oktober oder November bis Ostern geschlossen. In geringerem Maß gilt das auch für Restaurants. Manche Lokale, in denen überwiegend Einheimische verkehren, sind in den Wochen um den 15. August geschlossen.

INSIDER-TIPP
Spätsommersonne

WEITER-KOMMEN

AUTO

Es gelten folgende Geschwindigkeitsbeschränkungen: auf Autobahnen 130, bei Regen 110 km/h, auf Schnellstraßen 110 km/h, auf Landstraßen 90 km/h, in Ortschaften 50 km/h. Außerhalb geschlossener Ortschaften muss auch tagsüber mit Abblendlicht gefahren werden. Die Promillegrenze liegt bei 0,5. Bei Panne oder Unfall ist beim Verlassen des Wagens außerhalb geschlossener Ortschaften das Tragen einer Warnweste Pflicht. Nach hinten über das Fahrzeug hinausragende Ladungen wie z. B. Surfbretter müssen mit einer 50 × 50 cm großen, rot-weiß gestreiften Warntafel gekennzeichnet sein.

Autostrade sind mautpflichtig (die A2 momentan noch nicht). Mit Kreditkarten kann man an den Mautstellen bargeldlos bezahlen. Tankstellen sind werktags meist von 7.30 bis 12.30 und von 15 bis 19 Uhr geöffnet, sonntags nur an Autobahnen und vereinzelt an Ausfallstraßen. An SB-Tankstellen kann man mit 5-, 10- und 20-Euro-Scheinen oder Kreditkarte rund um die Uhr tanken.

Gelbe und schwarz-gelbe Bordsteine markieren Parkverbote, blaue Bordsteinkanten gebührenpflichtige Parkplätze. Bezahlt wird an Automaten oder mit Rubbelparkscheinen, die du in Bars, Kiosken oder Tabakgeschäften kaufen kannst. In vielen Innenstädten sind sogenannte ZTL *(zona a traffico limitato)* eingerichtet worden, Zonen mit eingeschränktem Verkehr. Oft hilft ein Ampelsystem zu erkennen, ob die ZTL aktuell aktiv ist. Achte unbedingt darauf, da bei widerrechtlicher Einfahrt empfindliche Strafen drohen.

MIETWAGEN

Die internationalen Mietwagenagenturen sind an den Flughäfen Lamezia Terme und Reggio di Calabria vertreten. In Tropea und in den Provinzhauptstädten ist es möglich, auch kurzfristig einen Leihwagen zu mieten. Am besten lässt du die Reservierung in diesem Fall durch dein Hotel vornehmen. Preisgünstiger ist es jedoch in der Regel, vor der Reise zu Hause bei einer der großen Leihwagenfirmen oder übers Internet zu reservieren. Vollkasko- und Diebstahlversicherung ohne Selbstbeteiligung sowie unbegrenzte Kilometer sollten im Mietpreis enthalten sein. Bei Buchung erst nach Ankunft in Italien wird man oft an den Haftungsrisiken beteiligt und zum Mietpreis kommen auch noch 22 Prozent IVA (Mehrwertsteuer).

ÖFFENTLICHE VERKEHRSMITTEL

Bahnfahren ist in Italien immer noch eine billige Fortbewegungsart. Im Internet kannst du unter *trenitalia.com* nach den besten Verbindungen suchen (auch auf Englisch) – für die entsprechende App einfach nach Trenitalia suchen. Am besten kaufst du deine Fahrkarte so direkt online und musst nicht mehr zittern, ob es einen (funktionierenden) Automaten gibt bzw. du vor dem Einsteigen in den Zug das Abstempeln der Fahrkarte vergisst – das

FESTE & EVENTS
RUND UMS JAHR

FEBRUAR/MÄRZ

Carnevale di Castrovillari, *carnevale castrovillari.it*

MÄRZ/APRIL

Settimana santa: in der Karwoche ergreifende Prozessionen in vielen Orten Kalabriens

Karsamstagsprozession (Nocera Terinese): Gläubige geißeln sich mit glassplittergespickten Korken.

Vallje (Civita), *prolocodicivita.it:* Freudenfest der Arbëreshe

MAI

Festa della Bandiera: (Morano Calabro): mittelalterliches Spektakel mit Umzügen

JULI/AUGUST

Madonna del Carmine (Scalea): Fest zu Ehren der Schutzpatronin der Emigranten, Frauen tragen aus Wachskerzen gefertigte Körbe auf dem Kopf.

Sagre (viele Orte): Erntedankfeste, die einem speziellen Produkt gewidmet sind, z.B. Thunfisch, Zwiebel, Bohne etc.

Peperoncino Jazz Festival (mehrere Orte), *peperoncinojazzfestival.com*

Armonie d'Arte Festival (Scolacium), *armoniedarte.com:* Der archäologische Park wird zur Bühne für Tanz, Theater und Konzerte.

Gran Galà del Pescespada (Bagnara Calabra): Fest zum Ende der Schwertfischjagd

Festival Euromediterraneo (Altomonte), *altomontefestival.com:* Theater und Konzerte im modernen Freilufttheater

Paleariza (Bergdörfer im Aspromonte), *paleariza.it:* Musik der Welt im griechischen Kalabrien.

Rumori Mediterranei (Roccella Ionica), *roccellajazz.org:* Internationale Jazzgrößen jammen am Strand.

SEPTEMBER

Festival del Peperoncino (Diamante), *peperoncino.org:* Kultur- und Kulinarikfestival

Tropea Blues Festival, *tropeablues.com*

WAS KOSTET WIE VIEL?

Espresso	1 Euro *für eine Tasse an der Bar im Stehen*
Eis	ab 1,50 Euro *für einen kleinen Becher*
Wein	3–6 Euro *für eine Karaffe (0,5 l)*
Souvenir	ab 80 Euro *für einen handwerklich gewebten Schal*
Benzin	um 1,40 Euro *für 1 l Super*
Strand	10–40 Euro/Tag *für Sonnenschirm und zwei Liegen*

musst du bei der elektronischen nämlich nicht. Das kalabrische Eisenbahnnetz ist von Ausnahmen abgesehen nur an der Küste gut ausgebaut. In den Provinzen Catanzaro, Cosenza und Reggio di Calabria unterhalten die Ferrovie della Calabria *(ferroviedellacalabria.it)* ein landschaftlich reizvolles Schmalspurschienennetz.
Fast jeder Ort auch im Landesinneren lässt sich per Bus erreichen. Problem dieser an sich kostengünstigen Fortbewegungsart: Die Fahrpläne sind nicht aufeinander abgestimmt. Wer sich seine Routen selbst zusammenbasteln möchte, kann auch für Busse auf *ferroviedellacalabria.it* nachschauen, ansonsten bekommt man Fahrkarten und Auskunft oft auch in Tabakgeschäften *(tabacchi);* gute Internetportale für größere Distanzen sind *italybus.it* und *orariautobus.it.* Wenn du das Landesinnere kennenlernen und nicht einen reinen Strandurlaub verbringen möchtest, solltest du mit dem eigenen Auto anreisen bzw. einen Mietwagen nehmen. So sicherst du dir einen viel größeren Bewegungsspielraum.

IM URLAUB

CAMPING
Zahlreiche Campingplätze säumen die Küsten, ihre Saison ist jedoch meist kurz und dauert oft nur von Juli bis Mitte September. Informationen beim italienischen Campingverband auf *camping.it* – auch auf Deutsch. Wildes Campen ist verboten; mancher Bauer hat aber keine Einwände, wenn man vorher freundlich nachfragt.

EINTRITTSPREISE
In den archäologischen Nationalmuseen musst du mit 4 bis 8 Euro Eintritt rechnen, in anderen Museen, Burgen und archäologischen Zonen mit 3 bis 6 Euro. Selbst im Museo Archeologico Nazionale in Reggio di Calabria mit den berühmten Bronzi di Riace werden nur vergleichsweise günstige 8 Euro fällig, im Museo Diocesano d'Arte Sacra in Rossano 5 Euro.

FEIERTAGE

1. Jan.	*Capodanno* (Neujahr)
6. Jan.	*Epifania* (Hl. Drei Könige)
März/April	*Pasquetta* (Ostermontag)
25. April	*Liberazione* (Befreiung vom Faschismus)
1. Mai	*Festa del Lavoro* (Tag der Arbeit)

2. Juni	*Festa della Repubblica* (Tag der Republik)
15. Aug.	*Ferragosto* (Mariä Himmelfahrt)
1. Nov.	*Ognissanti* (Allerheiligen)
8. Dez.	*Immacolata Concezione* (Mariä Empfängnis)
25. Dez.	*Natale* (Weihnachten)
26. Dez.	*Santo Stefano* (Zweiter Weihnachtsfeiertag)

FOTOGRAFIEREN

Menschen ohne ihre Einwilligung abzulichten verbietet die Höflichkeit; fragt man jedoch vorher um Erlaubnis, ergeben sich oft nette Kontakte. Möchte jemand nicht fotografiert werden, ist das auf jeden Fall zu respektieren. Fotografierverbote und Einschränkungen vor militärischen Einrichtungen und in Museen bitte beachten!

GELD & KREDITKARTEN

Geldautomaten *(bancomat)* sind weit verbreitet. Die gängigen Kreditkarten werden in vielen Hotels, Restaurants, Geschäften und Tankstellen akzeptiert.

INTERNETZUGANG & WLAN

In den meisten Hotels und B & Bs hast du *wi-fi* im Zimmer, seltener noch in Gemeinschaftszonen. Wer kein mobiles deutsches Internet zur Verfügung hat, kann sich eine temporäre italienische Simkarte zulegen.

KASSENZETTEL

Zu diesem Thema zwei Hinweise: Es ist offiziell vorgeschrieben, sich in jedem Geschäft oder Lokal immer *lo scontrino,* den Kassenbeleg, aushändigen zu lassen, da man stets von der Guardia di Finanza, der italienischen Finanzaufsicht, kontrolliert werden kann, ob dieser denn auch ausgestellt wurde. Kann man den Bon nicht vorweisen, drohen Strafen sowohl für den Verkäufer als auch den Käufer.
Der zweite Hinweis dient deinem Zurechtfinden in vielen Konditoreien, Bars oder auch Autobahnraststätten: Häufig muss vor dem Bestellen bezahlt werden. Mit dem Vorzeigen des Bons erhält man anschließend vom Barista das Gewünschte.

ÖFFNUNGSZEITEN

Wenn nicht anders angegeben, sind Kirchen meist von 8.30 bis 12 und von 16 bis 19.30 Uhr geöffnet, archäologische Ausgrabungen in der Regel von 9 Uhr bis 1 Stunde vor Sonnenuntergang.

TELEFON & HANDY

Vorwahl nach Deutschland *0049,* nach Österreich *0043,* in die Schweiz *0041,* nach Italien *0039.* Innerhalb Italiens und auch bei Gesprächen aus dem Ausland nach Italien muss die gesamte Nummer einschließlich der Null gewählt werden – die ehemalige Ortsvorwahl ist in Italien fester Bestandteil der Telefonnummern.
Das italienische Mobilfunknetz ist nach GSM-, UMTS- und LTE-Standard aufgebaut. Das eigene Handy *(telefonino* bzw. *cellulare)* wählt sich problemlos ein. Innerhalb der EU fallen keine Roaminggebühren an; mehr Infos z. B. auf *teltarif.de/roaming/italien.* In Handys ohne Sim-Lock können auch italienische Prepaidkarten *(tim.it)* verwendet werden – du bist dann allerdings nur unter dieser italieni-

GRÜN & FAIR REISEN

Du willst beim Reisen deine CO_2-Bilanz im Hinterkopf behalten? Dann kannst du deine Emissionen kompensieren *(atmosfair.de; myclimate.org)*, deine Route umweltgerecht planen *(routerank.com)* oder auf Natur und Kultur *(gate-tourismus.de)* achten. Mehr über ökologischen Tourismus erfährst du hier: *oete.de* (europaweit); *germanwatch.org* (weltweit).

schen Nummer zu erreichen. Diese gibt es mittlerweile auch in der Touristenversion mit Freiminuten, ausreichendem Internetzugang und befristeter Laufzeit.

TRINKGELD

Beim Gehen solltest du, wenn du zufrieden warst, ca. fünf bis zehn Prozent Trinkgeld auf dem Tisch liegen lassen. Auch an der Bar im Stehen sollte eine *mancia* sein – die schlecht entlohnten Espressokünstler rechnen mit dem kleinen Zusatzverdienst. In Italien ist es üblich, eine Rechnung für den ganzen Tisch auszustellen – aufteilen müsst ihr unter euch.

WASSERQUALITÄT

Jeden Sommer untersucht der italienische Umweltschutzverband Legambiente die Küsten und Strände und veröffentlicht die Ergebnisse in seinem Report Guida Blu *(legambiente.it)*. Die Höchstauszeichnung mit *cinque vele* (fünf Segeln) erreichte Kalabrien bislang nur im Fall von Roccella Ionica, mit vier Segeln wurden vor allem die Strände an der ionischen Küste zwischen Reggio und Locri ausgezeichnet. Erstaunlich ist, dass einige der bekanntesten Urlaubs- und Badeorte nur ein bzw. zwei Segel hissen dürfen und zuletzt sogar gar kein Ort in der italienischen Stiefelspitze überhaupt mit mehr als drei Segeln bewertet wurde. Liegt es daran, dass die Kläranlagen touristisch stark frequentierter Orte dem Ansturm des Hochsommers nicht immer gewachsen sind? Immerhin hat sich die Situation in Tropea verbessert, was man auch an der alternativen Auszeichnung der Bandiera Blu *(bandierablu.org)* erkennen kann, welche von der Foundation for Environmental Education nach strenger Prüfung für hohe Wasserqualität, Sicherheit und gutes Umweltmanagement vergeben wird. Sie wehte im Jahr 2018 über neun Stränden in Kalabrien, 2020 waren es schon 14.

ZEITUNGEN

Kalabriens regionale Tageszeitungen sind die Gazzetta del Sud *(gazzettadelsud.it)* und Il Quotidiano *(ilquotidianoweb.it)* mit Veranstaltungshinweisen. Deutschsprachige Zeitungen und Magazine sind in den Sommermonaten in den Touristenzentren erhältlich.

ZOLL

Waren für den persönlichen Bedarf können innerhalb der EU zollfrei ein- und ausgeführt werden. Richtwerte hierfür sind z. B. 800 Zigaretten und 10 l Spirituosen. Für die Schweiz gelten erheblich geringere Freimengen, u. a. 250 Zigaretten, 5 l Wein und 1 l

Spirituosen sowie ein gesamter Warenwert von maximal 300 Franken.

NOTFÄLLE

DIPLOMATISCHE VERTRETUNGEN

– *Deutsche Botschaft: Via San Martino della Battaglia 4 | Rom | Tel. 06 49 21 31 | rom.diplo.de*
– *Österreichische Botschaft: Via Pergolesi 3 | Rom | Tel. 06 84 40 14 1 | bmeia.gv.at*
– *Schweizerische Botschaft: Via Barnaba Oriani 61 | Rom | Tel. 06 80 95 71 | eda.admin.ch/roma*

GESUNDHEIT

Versicherte aus EU-Ländern benötigen die Europäische Krankenversicherungskarte EHIC (Rückseite deiner Versichertenkarte), damit die Kostenübernahme gewährleistet ist. Anderenfalls musst du Arzt und Apotheke zunächst bar bezahlen und die Belege deiner Kasse zur (in der Regel problemlosen) Erstattung einreichen. Apotheken *(farmacia)* sind meist Montag bis Freitag von 9 bis 13 und von 16 bis 20 Uhr geöffnet, Notdienste sind angeschlagen.

NOTRUF

Vom Handy und jedem Telefonapparat im Land kostenlos:
– Polizei und Rettungsdienst *Tel. 1 12, 1 13*
– Feuerwehr *(vigili del fuoco) Tel. 1 15*
– *Automobile Club Italiano* (kostenpflichtige Pannenhilfe) *Tel. 80 31 16*, von deutschen Handys *8 00 11 68 00*

WETTER IN CROTONE

Hauptsaison: Mai–Okt.
Nebensaison: Jan.–April, Nov.–Dez.

	JAN.	FEB.	MÄRZ	APRIL	MAI	JUNI	JULI	AUG.	SEPT.	OKT.	NOV.	DEZ.
Tagestemperaturen	14°	15°	17°	19°	23°	28°	31°	31°	28°	23°	19°	16°
Nachttemperaturen	8°	8°	9°	12°	15°	19°	22°	23°	20°	16°	13°	9°
Sonnenschein Stunden/Tag	4	5	6	7	8	10	11	10	8	7	6	4
Niederschlag Tage/Monat	9	5	6	4	3	2	1	1	3	7	7	8
Wassertemperatur	15°	14°	14°	15°	17°	21°	24°	25°	24°	22°	19°	16°

Sonnenschein Stunden/Tag · Niederschlag Tage/Monat · Wassertemperatur

SPICKZETTEL ITALIENISCH

SMALLTALK

Ein Akzent steht im Italienischen nur, wenn die letzte Silbe betont wird. Ansonsten haben wir die Betonung durch einen Punkt unter dem betonten Vokal angegeben.

ja/nein/vielleicht	**sì/no/fọrse**
bitte/danke	**per favọre/grạzie**
Entschuldige!/Entschuldigen Sie!	**Scụsa!/Scụsi!**
Wie bitte?	**Cọme dịce?/Prẹgo?**
Gute(n) Morgen!/Tag!/Abend!/Nacht!	**Buọn giọrno!/Buọn giọrno!/Buọna sẹra!/Buọna nọtte!**
Hallo!/Tschüss!/Auf Wiedersehen!	**Ciạo!/Ciạo!/Arrivedẹrci!**
Ich heiße …	**Mi chiạmo …**
Wie heißen Sie?/Wie heißt du?	**Cọme si chiạma?/Cọme ti chiạmi?**
Ich möchte …/Haben Sie …?	**Vorrẹi …/Avẹte …?**
Das gefällt mir (nicht).	**(Non) mi piạce.**
gut/schlecht	**buọno/cattịvo**

ZEIGEBILDER

ESSEN & TRINKEN

Die Speisekarte, bitte.	Il menù, per favọre.
Flasche/Karaffe/Glas	bottịglia/carạffa/bicchiẹre
Messer/Gabel/Löffel	coltẹllo/forchẹtta/cucchiạio
Salz/Pfeffer/Zucker	sạle/pẹpe/zụcchero
Essig/Öl/Milch/Sahne/Zitrone	acẹto/ọlio/lạtte/pạnna/limọne
mit/ohne Eis/Kohlensäure	con/sẹnza ghiạccio/gas
kalt/versalzen/nicht gar	frẹddo/trọppo salạto/non cọtto
Vegetarier(in)/Allergie	vegetariạno/vegetariạna/allergịa
Ich möchte zahlen, bitte.	Vorrẹi pagạre, per favọre.
Rechnung/Quittung/Trinkgeld	cọnto/ricevụta/mạncia
bar/Kreditkarte	in contạnti/cạrta di crẹdito

NÜTZLICHES

Wo finde ich …?	Dọve pọsso trovạre …?
links/rechts/geradeaus	sinịstra/dẹstra/drịtto
Wie viel Uhr ist es?	Che ọra è? Che ọre sọno?
Es ist drei Uhr./Es ist halb vier.	Sọno le tre./Sọno le tre e mẹzza.
heute/morgen/gestern	ọggi/domạni/iẹri
Wie viel kostet …?	Quạnto cọsta …?
zu viel/viel/wenig/alles/nichts	trọppo/mọlto/pọco/tụtto/niẹnte
teuer/billig/Preis	cạro/econọmico/prẹzzo
Wo finde ich einen Internetzugang/ WLAN?	Dọve trọvo un accẹsso ịnternet/ wi-fi?
offen/geschlossen	apẹrto/chiụso
kaputt/funktioniert nicht	guạsto/non funziọna
Panne/Werkstatt	guạsto/officịna
Fahrplan/Fahrschein	orạrio/bigliẹtto
Zug/Gleis/Bahnsteig	trẹno/binạrio/banchịna
Hilfe!/Achtung!/Vorsicht!	Aiụto!/Attenziọne!/Prudẹnza!
Verbot/verboten/Gefahr/gefährlich	diviẹto/vietạto/perịcolo/ pericolọso
Apotheke	farmacịa
Fieber/Schmerzen	fẹbbre/dolọri
0/1/2/3/4/5/6/7/8/9/10/ 100/1000	zẹro/ụno/dụe/tre/quạttro/cịnque / sẹi/sẹtte/ọtto/nọve/diẹci/cẹnto/ mịlle

URLAUBS FEELING

ZUM EINSTIMMEN & AUSKLINGEN

LESESTOFF & FILMFUTTER

ZWISCHEN ZWEI MEEREN
Das moderne Kalabrien zwischen Auswanderung und Nostalgie fängt Carmine Abates Werk von 2002 ein. Der albanischstämmige Autor hat mit seinen Romanen auch nördlich der Alpen Furore gemacht.

VIER LEBEN
Der in Mailand aufgewachsene Filmemacher Michelangelo Frammartino reist 2010 in die kalabrische Heimat seiner Eltern und erzählt in eindringlichen, unaufgeregten Bildern vom großen Kreislauf des Lebens. Pythagoras hätte seine Freunde daran!

GIANNI AMELIO
Der mehrfache Gewinner des Europäischen Filmpreises (u. a. 1993 mit „Gestohlene Kinder" und 1995 mit „Lamerica") spürt in seinen Filmen dem Süditalien seiner Kindheit nach.

DER DUFT KALABRIENS
Christiane Möschle geht in ihrem 2018 erschienenen Buch auf die Suche nach den Spuren einer in den 1960er-Jahren nach Deutschland emigrierten kalabrisch-apulischen Familie und erzählt anschaulich vom Leben der ärmeren Bevölkerung in der ersten Hälfte des 20. Jhs. im Norden Kalabriens.

PLAYLIST QUERBEET

0:58

CICCIO NUCERA – MACALLÈ
Die Ikone der grekanischen Musik aus Gallicianò, ein Ohrenschmaus

BEHIKE MORO – ESSENZA
Jung, frisch, lebensfroh: der Mix aus Akkordeon, Tamburin und E-Gitarre lässt deine Füße zucken!

ANTONIO GROSSO & LE MUSE DEL MEDITERRANEO – CANTO ALLA LUNA
Die erste kalabrische Girlband war sogar in Australien auf Tour

FRANCESCO LOCCISANO & MARCELLO DE CAROLIS – DANZA IONIA
Ein traditionelles kalabrisches Instrument, neu interpretiert: die Schlaggitarre

PARAFONÈ – A MUTTETTA
Tradition trifft Innovation: Seit 15 Jahren lassen die sechs ihre Fans zu moderner Tarantella tanzen

Den Soundtrack zum Urlaub gibt's auf **Spotify** unter **MARCO POLO Italy**

Oder Code mit Spotify-App scannen

AB INS NETZ

KALABRIEN-INFOS.DE
Viele Informationen rund um Kalabrien, teilweise auch mit Videos, findest du auf dem Blog der MARCO POLO Autorin Nicole Werner.

ITALIEN-AKTIV.INFO
Das Portal des Reiseführerautors Peter Amann bietet jede Menge konkrete Tipps und Links für den Aktivurlaub.

SILAGRECA.DE
Diese deutsche Website berichtet aus der Sila Greca, dazu gibt es zahlreiche Wandertipps.

CALABRIA SONA
Mit dieser App kannst direkt in die kalabrische Musik reinhören: Schalte das Radio ein oder vergnüg dich bei einem Konzert auf Youtube.

SHORT.TRAVEL/KLB2
Kalabrien ist auch unter Wasser wunderschön, wie diese Aufnahmen des Diving Centers Punta Stilo beweisen.

SHORT.TRAVEL/KLB9
... und nun befindest du dich plötzlich in der Sila in engen Schluchten und spektakulären Wasserfällen!

TRAVEL PURSUIT

DAS MARCO POLO URLAUBSQUIZ

Weißt du, wie Kalabrien tickt? Teste hier dein Wissen über die kleinen Geheimnisse und Eigenheiten von Land und Leuten. Die Lösungen findest du in der Fußzeile. Und ganz ausführlich auf den S. 20–25.

❶ Wie wird die Bergamotte noch genannt?
a) Gelbe Orange
b) Grünes Gold
c) Bitterzitrone

❷ Wie nennen sich die im Norden Kalabriens lebenden Italoalbaner?
a) Arbëreshe
b) Italbani
c) Civitani

❸ Welche berühmte Modedynastie kommt aus Kalabrien?
a) Versace
b) Armani
c) Gucci

❹ Was hat der deutsche Weihnachtsstollen mit Kalabrien zu tun?
a) Das Rezept ist im Mittelalter in Kalabrien entstanden
b) Die Zedratzitronen, eine unverzichtbare Zutat, wachsen nur in Kalabrien
c) Echte Weihnachtsstollen müssen in Paola gesegnet werden.

❺ Für was wird die *peperoncino*-Schote auch verwendet?
a) Als Aphrodisiakum
b) Als Insektenschutz: Ihre ätherischen Öle vertreiben ungebetene Gäste
c) Dem Volksglauben zufolge schützt sie, zu Hause aufgehängt, vor bösen Geistern

Lösungen: 1b, 2a, 3a, 4b, 5a, 6c, 7c, 8a, 9c, 10b, 11a, 12c

Scharfe Schoten, in mehrerlei Hinsicht – siehe Frage 5!

❻ Was war in der Schule des griechisch-kalabrischen Mathematikers und Philosophen Pythagoras streng verboten?

a) Alkohol
b) Musik
c) Bohnen

❼ Sollte die Brücke von Kalabrien nach Sizilien eines Tages gebaut werden, betrüge ihre Spannweite …

a) 2440 m
b) 2910 m
c) 3370 m

❽ In der Sila kannst du Fußspuren welcher Tiere entdecken?

a) Wölfe
b) Braunbären
c) Luchse

❾ Wie heißt die kalabrische Mafia?

a) Cosa Nostra
b) Sacra Corona Unita
c) 'ndrangheta

❿ Was gibts zum kalabrischen „Frühstückseis", der *granita,* dazu?

a) Einen Milchshake
b) Ein süßes Hefebrötchen
c) Eine Waffel

⓫ Wann bestimmten die Byzantiner das Leben in Kalabrien?

a) In der zweiten Hälfte des ersten Jahrtausends
b) In der Renaissance
c) Im 18./19. Jh.

⓬ Wirtschaftlich liegt Kalabrien unter den 20 Regionen Italiens …

a) Auf Platz 10
b) Auf Platz 18
c) Auf dem letzten Platz

REGISTER

LOB ODER KRITIK? WIR FREUEN UNS AUF DEINE NACHRICHT!

Trotz gründlicher Recherche schleichen sich manchmal Fehler ein. Wir hoffen, du hast Verständnis, dass der Verlag dafür keine Haftung übernehmen kann.

MARCO POLO Redaktion • MAIRDUMONT • Postfach 31 51
73751 Ostfildern • info@marcopolo.de

Impressum
Titelbild: Pietragrande (huber-images: A. Saffo
Fotos: P. Amann (55, 58, 78); Getty Images: P. Oomen (117), F. Pacienza (36/37); huber-images: A. Bartuccio (29, 130/131), U. Bernhart (10), M. Borchi (Klappe hinten, 73), G. Cipriani (34/35), F. Cogoli (26/27), G. Filippini (16/17), J. Huber (48/49), D. Iemma (103), A. Morabito (74/75), A. Piai (28/29, 45, 46, 57, 67, 123), A. Saffo (14/15, 22, 40/41, 81, 86/87, 104), G. Simeone (2/3, 8/9, 52, 94, 98/99); La Terra Magica: Lenz (84, 109); Laif: Celentano (12, 111); mauritius images/Alamy (91, G. Boffi (132/133), R. Chapman (72), W. Skrypczak (68), D. Surkov (120/121), A. Vorobev (13); mauritius images/Alamy/De Agostini/Universal Images Group North America LLC (33); mauritius images/Alamy/RealyEasyStar: V. Caroleo (11, 21); mauritius images/Cubolmages (62/63, 112/113), E. Bottino (Klappe vorne außen, Klappe vorne innen/ 1, 32/33); mauritius images/Hemis.fr: R. Mattes (6/7); mauritius images/Westend61: C. Steiner (92); Schapowalow/SIME: A. Saffo (106); T. Stankiewicz (25, 60, 70/71, 82); vario images/imagebroker (97); N. Werner (135)

9. Auflage 2022, komplett überarbeitet und neu gestaltet

Autoren: Peter Amann, Peter Peter, Nicole Werner; Redaktion: Nikolai Michaelis; Bildredaktion: Gabriele Forst
Kartografie: © MAIRDUMONT, Ostfildern (S. 38–39, 114, 116, 119, Umschlag außen, Faltkarte); © MAIRDUMONT, Ostfildern, unter Verwendung von Kartendaten von OpenStreetMap, Lizenz CC-BY-SA 2.0 (S. 42–43, 50–51, 64–65, 76–77, 88–89, 100–101)
Als touristischer Verlag stellen wir bei den Karten nur den De-facto-Stand dar. Dieser kann von der völkerrechtlichen Lage abweichen und ist völlig wertungsfrei.
Gestaltung Cover, Umschlag und Faltkartencover: bilekjaeger_Kreativagentur mit Zukunftswerkstatt, Stuttgart
Gestaltung Innenlayout: Langenstein Communication GmbH, Ludwigsburg
Spickzettel: in Zusammenarbeit mit PONS GmbH, Stuttgart
Texte hintere Umschlagklappe: Lucia Rojas
Konzept Coverlines: Jutta Metzler, bessere-texte.de

Printed in Poland

FSC www.fsc.org MIX Paper from responsible sources FSC® C018236

MARCO POLO AUTORIN
NICOLE WERNER
„Wo ist denn bitte Kalabrien?" fragte sich Nicole Werner, als sie sich entschied, als Reiseleiterin durch die Welt zu tingeln. Doch kurz nach ihrer Ankunft hatte sie sich bereits zweimal verliebt: in ihren heutigen Mann und in die Region. So beschloss sie, Kalabrien mit all seinen Facetten mit ihrem Blog bekannter zu machen. Das Ziel: Keiner soll erst mal googeln müssen beim Stichwort Kalabrien.

BLOSS NICHT!

FETTNÄPFCHEN UND REINFÄLLE VERMEIDEN

HALB NACKT IN DER STADT RUMLAUFEN

Auch wenn der neue Bikini oder die Badehose dir noch so gut stehen: Derart knappe Kleidung und ein nackter Oberkörper gehören an den Strand, nicht in die Stadt oder ins Restaurant.

DIE RUHE VERLIEREN

Ob an der Hotelrezeption oder mit dem Auto auf der Straße: *pazienza* (Geduld) heißt das Zauberwort, mit dem man meist schneller weiterkommt als mit Schnappatmung und viel Theater.

GETRENNTE RECHNUNGEN VERLANGEN

Mit Freunden oder Kollegen gemeinsam essen gehen oder auch nur etwas trinken und dann getrennt bezahlen? Rechenkünstler beweisen sich besser woanders, hier wird dein Anteil *alla romana* einfach in die Mitte geworfen! Und Trinkgeld nicht vergessen – das gilt übrigens auch für einen *caffè* auf die Schnelle an der Bar!

NEUGIERIG AUF DIE *'NDRANGHETA* SEIN

Fragen der Touristen nach dem organisierten Verbrechen nerven viele Einheimische. Informier dich lieber aus anderen Quellen, es gibt viele Dokumentationen und Bücher zu dem Thema.

CAPPUCCINO NACH DEM ESSEN ...

... wenn du nicht sofort als Tourist entlarvt werden willst. In Süditalien gibts nur eins nach dem Essen: *caffè.* Der kleine, starke, schwarze Espresso ist deutlich bekömmlicher als Milchkaffee.